青春文庫

地理がわかると
ニュースの解像度があがる

ワールド・リサーチ・ネット［編］

青春出版社

はじめに

地理と政治・経済は、切っても切れない関係にあります。その三位一体、あるいは三すくみの関係が、国際政治、世界経済、ひいては世界史を動かしてきたといっても過言ではないでしょう。

たとえば、今、中国がなぜ、南シナ海や東シナ海の小島や岩礁にあそこまで固執するのか、世界中の批判を浴び、何兆円もの金をかけてまで、奪取しようとしているのか――その「不純な動機」は、その小島の地理的意味を知らなければ、理解できません。

あるいは、19世紀以来、なぜ不毛の地が広がるアフガニスタンをめぐって、その時代の列強諸国が血みどろの戦いを繰り広げてきたのか、それもこの国の地政学的な意味を知らなければわからないでしょう。むろん、経済面でも、各国経済の浮沈や、各産業の立地や成長・衰退には、地理的条件が深く関わっています。

そこで、この本では、政治と経済をめぐるさまざまなトピックと地理の関係について、わかりやすく解き明かしていきます。地理と政治と経済という〝欲望の三角形〟がわかるだけで、ニュースの解像度があがることを実感できるでしょう。

2024年12月

ワールド・リサーチ・ネット

地理がわかるとニュースの解像度があがる■目　次

CHAPTER 1

CHAPTER 2

EGYPT
SAUDI ARABIA
SUDAN
CHAD
INDIA
ETHIOPIA
VIETNAM

CHAPTER 3

CHAPTER 4

BRAZIL

ZAMBIA
MOZAMBIQUE
MADAGASCAR
SOUTH AFRICA
INDIAN OCEAN
AUSTRALIA

CHAPTER

あの業界の中心地は、なぜその「場所」だったのか 171

付録

日本の経済・政治風土――その地域は、こんなふうに見えている

カバーイラスト■AdobeStock
地図・DTP■フジマックオフィス

CHAPTER 1

領土、国境…
地理がわかると、
ニュースがわかる

そもそも地政学とはどんな学問か

この本では、地理と政治・経済の関係についてお話ししていきますが、まずは地理と国際政治の関係を考察する「地政学」とは、どんな学問なのか、そこからはじめたいと思います。

地政学とは、一言でいえば、地理的な条件から国際情勢を考察する学問。より端的にいえば、地理と「国益」の関係を考察する学問といえます。

この学問の代表的なキーワードに、「ハートランド」と「リムランド」があります。前者はユーラシア大陸の中心部を指し、後者は前者を取り巻く周辺地域を指します。具体的にいえば、前者はロシアや中国、後者は日本やイギリスなどをを指します。

そして、過去の戦争は、おおむねハートランドとリムランドの接点で起きてきました。たとえば、日露戦争は、ハートランドの帝国・ロシアと、リムランドの新興国・日本が衝突しました。ロシアがハートランドから南下して不凍港の獲得を目指し、島国の日本は朝鮮半島から大陸に進出しようとしていました。その接点となった遼東半島や満州が戦いの場となったのです。

そして、現在のロシア・ウクライナ戦争も、両ランドの接点で起きた戦いということができます。

地政学には、もう一対、重要なキーワードがあります。「ランドパワー」と「シーパワー」です。これらは、各国家の陸上と海上に対する影響力を表す概念です。たとえば、ロシア、中国、ドイツは大陸内部に対して影響力を行使しやすいランドパワー型の国、アメリカ、イギリス、日本は海上の覇権に関して影響力を行使しやすいシーパワー型の国と分類されます。

これらの概念を最初に提唱したのは、19世紀のアメリカの海軍士官であり歴史家でもあったアルフレッド・マハンです。彼は1890年、イギリス帝国主義に関する考察から、『海上権力史論』を著し、「シーパワー」という概念を初めて唱えました。

マハンは、国家権力は、海軍力をはじめとした海上権力（シーパワー）を持つ勢力によって決定されると考え、アメリカもシーパワー型を目指すべきと説いたのです。現在、アメリカは、世界各地に海軍基地を擁し、原子力空母を中心とする艦隊を世界の海に派遣していますが、それもこの130年以上前に考え出された「シーパワー」理論に基づいた世界戦略をとっているということもできます。

さらに、1904年には、イギリスの地理学者のハルフォード・マッキンダーがシーパワーに対して「ランドパワー」という概念を唱え、「世界史はランドパワーとシーパワーのせめぎ合いで動いてきた」と説きました。

〝アフガニスタンのしっぽ〟は大国のせめぎ合いの所産

現実には、ランドパワーとシーパワーの接点は、ユーラシア大陸の場合、ハートランドとリムランドの接点とほぼ重なります。そして、実際に、戦いは、それらの接点で起きてきました。

ここでは、19世紀後半以来、ランドパワーとシーパワーが激しくせめぎ合った地域を紹介してみましょう。中央アジアのアフガニスタンです。

その戦いの痕跡といえるのが、いわゆる〝アフガニスタンのしっぽ〟です。17ページの地図を見ていただきたいのですが、同国の北東部には細長い〝しっぽ〟のよ

■アフガニスタンの〝しっぽ〟とは？

うな領地が延びています。この奇妙な国境線こそ、ランドパワーとシーパワーのせめぎ合いの所産といえるのです。

その経緯を振り返ってみましょう。19世紀、イギリスは、インド（今のインドだけでなく、パキスタン、バングラデシュを含めた地域）を支配していましたが、その北方からロシア帝国が南下を目指していました。そうして、イギリスとロシアはアフガンをはさんでにらみ合うことになり、どちらが先にアフガンを占領するかという競合関係が生じたのです。その数十年間にわたる攻防劇は「グレート・ゲーム」と総称されます。

この競合関係では、イギリスが先手を取

ってアフガンへ2度侵攻しますが、いずれもアフガン人の激しい抵抗にあって敗れます。やがてイギリスは、アフガン全土をおさえることはあきらめ、1871年、アフガンを緩衝地帯とするという協定をロシアと結び、この問題をおさめました。

その協定を結ぶ際、争点となったのが、アフガンの領域をどこまでとするかという点でした。それは、英ロの緩衝地帯の広さを決めることにつながります。

イギリスとしては、ロシアの南下を防ぐため、緩衝地帯＝アフガンは広いほうが望ましい。一方、ロシアにとっては狭いほうが望ましい。結局、ロシアが妥協して、緩衝地帯はやや広めにとられることになりました。

それを象徴するのが、前述した〝アフガニスタンのしっぽ〟です。そのしっぽ部分は「ワハン回廊」と呼ばれるエリアで、長さは東西に200キロ、幅は南北15キロほどの細長い土地です。その緩衝地帯が、事実上、英ロを隔てる壁となったのです。

その地域は、かつてはシルクロードの一部として、東西を結ぶ重要な交通路でした。『西遊記』に登場する玄奘《げんじょう》三蔵法師は、この回廊を通ってインドへ向かい、『東方見聞録』のマルコ・ポーロは逆にここを通って中国へ向かいました。

英ロの協定締結後、アフガンは英ロ、ソ連建国後は東西両勢力の緩衝地帯として機能していましたが、1970年代末、突然、ソ連が侵攻します。それに対して、アフガンの軍事組織はアメリカの支援を受けて、徹底抗戦します。

やがて、ソ連は事実上敗れて撤退し、この戦いによる経済的疲弊がソ連崩壊の遠因にもなりました。一方、アメリカの軍事支援は、結果的にタリバンや義勇兵として参加していたオサマ・ビン・ラディンらを〝育てる〟ことにつながりました。

そうして、ニューヨークなどを襲った9・11事件やその後のアメリカのアフガン侵攻の火種をまくことにつながっていくのです。

地政学のキーワード「チョークポイント」とは？

もうひとつ、地政学には「チョークポイント」というキーワードもあります。

「チョーク（choke）」とは首を絞めるという意味で、チョークポイントは海上交通上の隘路《あいろ》を指します。スエズ運河やパナマ運河、ホルムズ海峡やマラッカ海峡などの海運の要衝が、そう総称されます。世界的に重要と認識される代表的なチョークポイントを挙げておきましょう（21ページ地図参照）。

・スエズ運河——地中海と紅海を結ぶ運河①
・パナマ運河——太平洋と大西洋を結ぶ運河②
・ジブラルタル海峡——地中海と大西洋を結ぶ海峡③
・ホルムズ海峡——ペルシャ湾の出入口となる海峡。中東から原油を運び出す出口④
・マラッカ海峡——インド洋とジャワ海の海峡。中東から極東に原油を運ぶルートの隘路⑤
・喜望峰——アフリカの南端。南アフリカの西ケープ州の岬⑥
・イギリス海峡（ドーバー海峡）——イギリスとヨーロッパ大陸を分ける海峡⑦
・ボスポラス海峡——黒海とマルマラ海を結ぶ海峡⑧

これらの他、世界的には最重要といえないまでも、国家のおかれた位置などによって、その国にとってはチョークポイントとなる海峡などが存在します。たとえ

■世界の〝チョークポイント〟

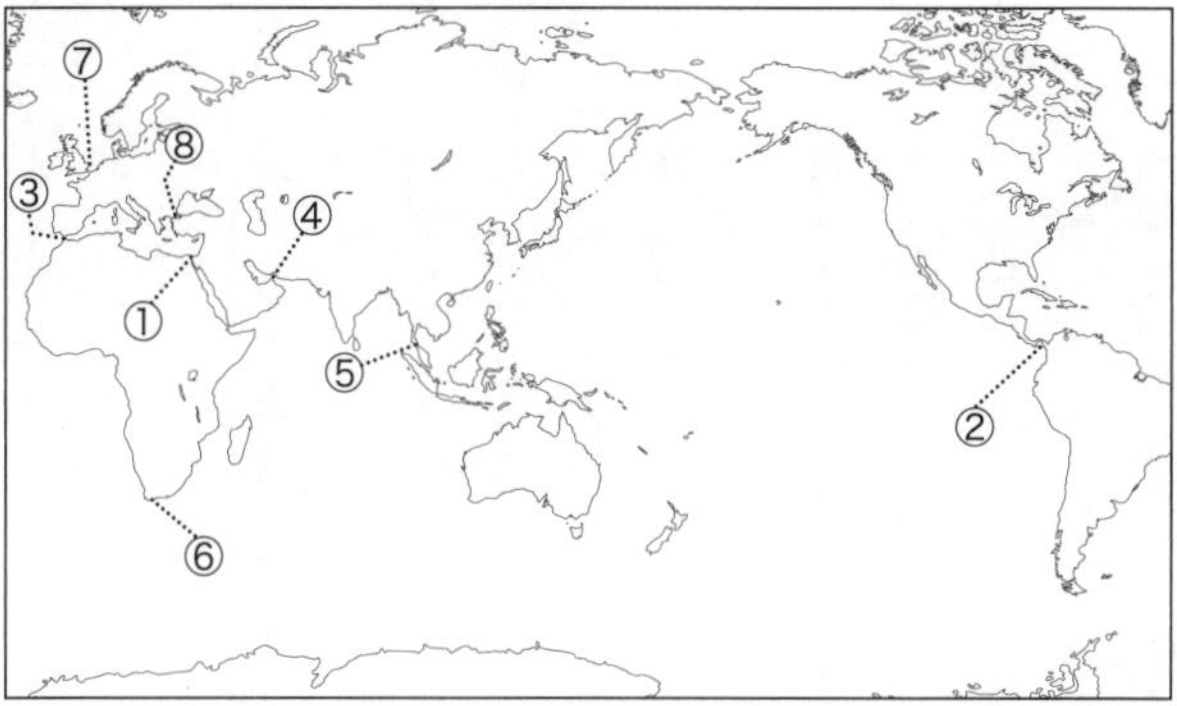

ば、日本にとっては、以下の海峡は重要なチョークポイントといえます。

・宗谷海峡――北海道とカラフトの間の海峡。
・津軽海峡――本州と北海道の間の海峡。
・関門海峡――本州と九州の間の海峡。
・対馬海峡――九州と朝鮮半島の間の海峡。

過去、海戦の多くは、これらのチョークポイントで起きてきました。たとえば、日本の例をあげると、古くは源平時代の壇ノ浦の戦いは関門海峡で起き、日露戦争の勝敗を決定づけた日本海海戦は対馬海峡で戦われました。後者の戦いでは、日本の連合艦隊は、ウラジオストクを目指すロシアのバルチック艦隊をこの狭いチョークポイントで待ち構え、撃滅したのです。

今も、スペインの南端にイギリス領がある地政学的理由

かつて、世界中のチョークポイントをおさえていた国があります。「七つの海」を支配したといわれる大英帝国です。帝国主義時代のイギリスは、世界に点在するチョークポイントの大半をおさえていたのです。

その意味で、地政学を最も活用したのは、イギリスだったといえるかもしれません。

この学問は、19世紀の帝国主義時代から第二次世界大戦に至るまで、イギリスやドイツ、アメリカ、日本などで、国権・国益を拡張するための戦略理論として利用されました。とりわけ、ナチス・ドイツの侵略的政策に援用されたため、戦後は一種の封印状態になりました。しかし、21世紀初め頃から、その封印が解けはじめて、今、日本を含めて世界的に新たな関心を呼んでいるのです。

話を大英帝国時代のイギリスに戻します。当時、イギリスは、スエズ運河、マルタ島（地中海のほぼ中央に浮かぶ島）、そしてジブラルタルなどをおさえていました。それらは、イギリス本国と植民地インドを海路で結ぶうえで、不可欠のチョークポイントでした。イギリスは、そのシーレーンに乗って、インドへ綿製品などの工業製品を運び、インドの富を収奪し続けました。それは、いわば大英帝国という巨体を維持するための大動脈のようなラインだったのです。

他にも、イギリスは、アジアではシンガポール、香港などの拠点をおさえ、南半球ではアフリカ南端の喜望峰を含めた南アフリカをおさえていました。

そのうち、今もなお、イギリスが手放さないチョークポイントがあります。スペイン半島の南端のジブラルタルです。

■ジブラルタルとセウタ

その沖にあるジブラルタル海峡は、ヨーロッパとアフリカを分ける海峡で、最も幅が狭いところは約14キロしかありません。ジブラルタルは、地中海の制海権を確立するうえで、必要不可欠な土地だったのです。

イギリスは18世紀初頭、スペイン王位継承戦争につけこんで、この地を奪取します。以降、スペインは返還を求め続けてきましたが、イギリスは頑《がん》として応じず、300年以上にわたって領有し続け、今もこの地にはイギリス海軍の戦隊が駐留しています。

一方、イギリスにジブラルタル返還を求め続けているスペインも、同海峡対岸のセウタという町をおさえています。アフリカ大陸にスペインの飛び地があるというわけです。

スペインがこの地を手に入れた経緯を振り返ると、1415年、大航海時代の黎《れい》明《めい》期、まずポルトガルがセウタを占拠します。しかし、その後、ポルトガルはスペインに併合され、その際、セウタもスペイン領となります。その後、ポルトガルは独立を回復しますが、セウタはスペイン領のままとなり、現在に至っているのです。

その理由は、イギリスがジブラルタルを手放さないのと同様です。セウタは地中海を扼《やく》するチョークポイントであり、地政学上の要地なのです。海峡に向かって突き出たアチョ山山頂には、かつてポルトガルが築いた要塞があり、現在もスペイン駐留軍の司令部が置かれています。むろん、モロッコはセウタの返還を求めていますが、スペイン政府は拒否し続けています。

なお、因果応報というべきか、現在、このセウタの地は、アフリカからヨーロッパへ密入国する抜け穴になっています。アフリカ各地からモロッコ経由で、セウタ（スペイン）へ密入国する者が後を絶たないのです。

中国が南沙諸島（スプラトリー諸島）にこだわる地政学的狙い

今、世界の国のなかで、最も地政学的に動いている国は、中国といっていいでしょう。中国は南シナ海の南沙《なんさ》諸島を強奪し、また日本の領土の尖閣諸島の領有権を主張して、わが国の主権を脅かそうとしています。

中国が、世界的な非難を浴びながらも、それらの孤島や岩礁の領有を目指すのは、将来、太平洋に大きく進出するという遠望を描いているためといえます。中国は地政学的にはランドパワーに属する国ですが、同時にシーパワーたらんとする世界戦略を描いているのです。ここで、まずは、今、最もホットな争点となっている南沙諸島問題について、おさらいしておきましょう。

南沙諸島（スプラトリー諸島）は、南シナ海に点在する100近くの島々の総称です。この諸島は現在、中国が強行的に支配し、それにフィリピンなど周辺6か国が異を唱え、アメリカや日本も中国批判の声をあげています。

同諸島の歴史を振り返ると、1930年頃までは、フランスがこの諸島を実効支配していました。フランスは当時、植民地としていたベトナムから同諸島に進出していたのです。太平洋戦争中は日本が領有を宣言し、「新南諸島」と命名していました。

戦後は、1949年、まずフィリピンが領有を宣言します。その後、南ベトナムも進出し、一部の島を領土に編入します。1970年代、海底油田の存在が確認されると、中国も領有権を主張しはじめ、さらにマレーシア、台湾、ブルネイも領有権を唱え、争いは激しさを増しました。

同諸島周辺は石油や天然ガスの海底資源が豊富なうえ、インド洋と太平洋を結ぶ航路に位置し、準チョークポイントといってもいい海です。どの国にとっても、この地域・海域をおさえることは、経済的・軍事的に大きな価値があるのです。

１９８８年には、ついに中国とベトナムの海軍が衝突。この戦いに勝利した中国は、６つの岩礁を手に入れました。

１９９０年代、中国の動きはさらに活発化し、フィリピンが領有を主張する島を占領して、建造物を構築。じょじょに支配領域を拡大してきました。たとえば、中国は、かつてフィリピンが実効支配していたミスチーフ礁を奪いとり、その後、さまざまな施設を建設、現在の同礁は対空・対艦砲で守られ、ヘリポートまで建設されています。

中国がミスチーフ礁を奪った背景には、その頃、フィリピンとアメリカの関係が冷えていたことがありました。当時は、フィリピンがアメリカとの安保条約を破棄し、米軍がフィリピンから撤退した直後でした。その力の空白を突いて、中国は強気に出たのです。

２０１０年からは、中国は南シナ海を「核心的利益」と呼んでいます。「核心的利益」とは、他に引き渡さない重要地帯という意味で、他に台湾、チベットなどに対して使ってきた言葉です。

そうした中国に対しては、アメリカや日本を含めた同盟国も警戒を強め、繰り返し非難していますが、今のところ、中国の動きをおさえるには至っていません。

ランドパワーとしての中国の動きを読み解く

中国は、シーパワーたらんとして領有権争いを続ける一方、本来のランドパワーとしても、数々の領有権問題を抱えてきました。

今、中国にとって重要な国境問題は、チベット高原の西端をめぐるインドとの問題といえるでしょう。中国とインドは、その地域の国境線をめぐり、一戦交えたこともあるのです。

チベット高原の歴史を振り返ると、古代はいくつかの部族が住み分けていましたが、7世紀頃、統一され、中国からは「吐蕃《とばん》」と呼ばれていました。13世紀にはモンゴルに征服され、その後は元や明の影響下におかれました。ただ、完全に中国の統治下に入ったわけではありませんでした。

チベット民族は、中国の影響を受けながらも、ダライ・ラマを宗教上・政治上の最高存在と位置づけ、独自の国づくりをしてきました。中国とチベット、チベットとインドの国境線は、19世紀までは近代的な意味では、はっきり引かれていませんでした。

20世紀に入り、中国で辛亥《しんがい》革命が起きると、インドを植民地としていたイギリスがこの問題に介入し、インドとチベットの間に「マクマホンライン」と呼ばれる境界線を設定します。むろん、その境界線は、インド（イギリス）側に有利だったため、当時の中華民国は承認を拒否、以後、国境線はあいまいなまま、放置されることになりました。

第二次世界大戦後、中華人民共和国が成立すると、毛沢東は1951年にチベットへ軍事侵攻し、チベットを中国の一部とします。そして、チベットの社会主義化を進めたため、チベット民族は反発、対立が深まりました。

1959年3月、中国政府がダライ・ラマ14世を観劇に招待すると、最高指導者が連行されると察知したチベット民族の人々はラサで暴動を起こします。これをきっかけに、ダライ・ラマはインドに亡命し、亡命政府を樹立しました。

その後、中国は、チベットに多数の漢民族を移住させ、漢民族が経済の実権を握って、チベット民族を政治的、経済的に抑圧してきました。

一方、インドは、中国がチベットに侵攻した頃は、中国との関係がよかったので、穏やかに対応していましたが、中国が中印国境付近で軍備を増強すると、1959年から両者は武力衝突。1962年には大規模な中印戦争へと発展しました。

とりわけ、激しい戦いの舞台となったのはブータンの東側地域でした。戦闘は中国優勢で進み、中国は国境線をインド側に押し込みます。その後は、大規模戦闘には発展していないものの、両大国の潜在的なにらみ合いは続いています。

カシミアの原産地をめぐるインドとパキスタンの争い

インドも、本来的には、ランドパワー的な傾向の強い国です。おおむね、広大な領土を有する国は、争点となりやすい国境線が長くなる分、(アメリカを除いて)ランドパワー的になりがちです。一方、国土が狭い国は、イギリス、かつてのポルトガル、オランダなど、シーパワー的な傾向が強まる傾向があります。

そのインドは、チベット以外にも国境問題をかかえています。隣国のパキスタンと長く対立し、今、インドとパキスタンの国境線は宇宙からでもはっきり見ることができます。インドが、パキスタンとの国境地帯に、約２０００キロにわたって、鉄条網とともに強力な投光機を設置しているため、そのオレンジ色の光が、夜の闇のなか、人工衛星からもはっきり確認できるのです。

その印・パ間では、長くカシミール地方の領有権が争点となってきました。同地方は高級羊毛の「カシミア」の名産地です。

そもそも、印・パ両国は、かつてはともにイギリスの植民地であり、第二次世界大戦後、分裂・独立しました。

その際、マハラジャ（藩王）が治めていた各地の藩王国は、どちらに帰属するかの選択を迫られました。基本的には、ヒンドゥー教徒の多い藩王国はインドに属し、イスラム教徒の多い国はパキスタンに属することを選んだのですが、カシミール地方ではねじれ現象が起きていたのです。マハラジャはヒンドゥー教徒でしたが、住民の約80%はイスラム教徒だったのです。住民からパキスタン帰属を求める声が高まるなか、マハラジャはインドへの帰属を宣言、暴動をおさえるため、インドに派兵を求めます。インド軍が動くと、それにパキスタン軍も反応して、1947年、両軍は激突、第一次印パ戦争が勃発しました。

その後、2度の戦争を経て、1972年、同地方のほぼ中間付近に実効支配線が引かれましたが、その後も、両国関係の緊張が高まるたびに、小規模の戦闘が繰り返されてきました。両国がともに核保有国になったのも、この紛争が遠因になったともいえます。21世紀に入ってからは、両国の関係は比較的安定していますが、同地方をめぐる睨み合いは依然、続いています。

韓国と北朝鮮を分断するのは、じつは「北緯38度線」ではない

日本に近い極東にも、血塗られた国境線が存在します。韓国と北朝鮮を分断するラインです。

両国の事実上の国境線は、「38度線」とも呼ばれますが、じつは両国は北緯38度線で直線的に分断されているわけではありません。両国の国境線は、38度線とは一致していないのです。

最初に「北緯38度線」という言葉がクローズアップされたのは、第二次世界大戦末期のヤルタ会談のときのことでした。この会談では、アメリカ、イギリス、ソ連の首脳が集まり、大戦終結後の世界をどうするかについて話し合われました。有体《ありてい》にいえば、勝者による世界分割が行われた会議でした。

この会議で、日本の植民地だった朝鮮半島は、戦後当面の間は、連合国が信託統治すると決められました。そして、8月、ソ連が対日参戦し、旧満州から朝鮮半島へ進出すると、米軍も朝鮮半島に上陸。両国は「南北分割提案」に合意して、北緯38度線を軍事上の境界線としました。

地政学的にいうと、ソ連にとって朝鮮半島をおさえることは、太平洋への進出を可能としますし、アメリカとしては、中国・ソ連と接する極東に橋頭堡、あるいは緩衝地帯を確保しておきたい。その両大国の地政学的な思惑による妥協の産物が、北緯38度線という境界線だったのです。

しかし、その後、米ソ関係はすぐに悪化し、いわゆる東西冷戦がはじまります。やがて、ソ連をバックとする北朝鮮と、アメリカをバックとする韓国が建国されます。そのときの国境線は、それまでの軍事境界線に準じ、両国は一直線に分断されていました。

1950年6月、北朝鮮が北緯38度線を越えて、侵攻を開始します。一時、韓国・アメリカ側は半島南端のプサンまで攻め込まれますが、米軍を中心とする国連軍が介入し、逆にピョンヤンの北まで押し戻します。すると、中国人民義勇軍（事実上の中国軍）が北朝鮮側に加勢して押し戻し、戦線は38度線付近で膠着状態に陥りました。

1953年7月、休戦協定が結ばれ、そのさい「休戦ライン」（今の韓国と北朝鮮の国境）が設定されました。それは38度線付近ではありますが、北緯38度線とは完全には一致してはいません。東側は北朝鮮の方に、西側は韓国の方に少しへこんだラインになっています。

ロシアの国土が広大になった歴史的理由

この項からは、地政学的話題を離れ、地誌学的に世界の領土と国境をめぐるさまざまな問題について、お話ししていきましょう。まずは、ロシアがなぜ、あんな広い国になったか、という疑問です。

唐突ですが、「日本から最も近い外国はどこでしょう?」と問うと、多くの人は「韓国」と答えると思います。しかし、正解はロシアです。日本最北端の宗谷岬と、カラフト南端(今はロシア領)の距離は約43キロしかなく、日本(対馬)と韓国(約49・5キロ)よりも近いのです。ヨーロッパの国でもあるロシアが、日本の隣国でもあるのは、むろんロシアの国土がそれだけ広大だからです。なぜ、ロシアは、そこまで領土を広げることができたのでしょうか?

その答えは、今のロシアの領土の大半は、他の国が領土に組み入れようとしなかった不毛の土地だったから、ということになるでしょう。近代以前の輸送力、工業力では、極寒の地であるシベリアに利用価値はなかったのです。他国が目もくれなかったそういう土地を、ロシアだけが毛皮を求めて進出、領地に取り込んできたのです。

ロシアが人跡まれなシベリアに向けて領土拡大をはじめたのは、16世紀後半のことでした。それから1世紀半かけて、ユーラシア大陸を進み、17世紀末のピョートル大帝の時代、中国北方、黒竜江の北の外興安嶺まで領土を拡大しました。

その広げに広げた領土が、毛皮以外にも、注目されるようになったのは、産業革命が起き、輸送力・工業力が格段に進歩してからのこと。鉄道、車、航空機によるヒトとモノの運搬が可能になり、おもに旧ソ連が地下資源を採掘し、森林を伐採して利用し、広大な国土はようやく経済的価値を持つようになったのです。

ポーランド側のロシアの飛び地カリーニングラードの謎

そのロシアは、ヨーロッパ側に「飛び地」を持っています。ポーランドとリトアニアの間にあるカリーニングラード州です。同州には冬でも凍らない不凍港があるため、ソ連崩壊時にも、ロシアはこの州を手放そうとはしませんでした。

ただ、この地は、昔からロシアの一部だったわけではなく、ソ連が領有したのは第二次世界大戦後のこと。それ以前は、ケーニヒスベルグというドイツ風の名で呼ばれ、住民の多くもドイツ系の人々というエリアでした。

その歴史を振り返ると、カリーニングラードは、13世紀、ドイツ騎士団が「ケーニヒスベルク」として建設した町。その後、バルト海の貿易都市として発展し、プロイセン王国の首都として繁栄した時代もあります。

19世紀、プロイセン王国を中心にドイツ帝国が成立すると、その一部となり、ドイツ帝国が第一次世界大戦に敗れて、周辺の領土を減らすと、ドイツの飛び地となりました。そして、第二次世界大戦の終結前にソ連軍が進軍して占領。戦後のポツダム宣言で、ソ連への帰属が決まったのです。そして、ソ連は戦後、多くのソ連市民を移住させました。その時代、時の最高会議幹部会議長ミハイル・イワノビッチ・カリーニンにちなみ、地名を「カリーニングラード」と改めさせたのです。

冷戦時代のカリーニングラードは、外国人の立ち入りが規制された閉鎖都市でした。冷戦崩壊後、経済状況が悪化して治安も悪化しましたが、その後、プーチン政権は、経済特区を設けて輸入関税を免除するなどテコ入れし、治安が回復、経済的にも一時は持ち直しました。しかし、その後、伸び悩むことになっています。

アラブ諸国の国境線が引かれるまでの歴史的経緯

アラブ世界は、もともと国境線のない世界でした。遊牧民は、砂漠を移動しながら暮らしていたので、国境線を引く意味がなかったのです。また、19世紀までは、オスマン帝国がアラブ世界をゆるやかに統治していたので、その意味でも国境線は存在しなかったのです。

そのオスマン帝国は、13世紀末、現在のトルコ付近のオスマンという小さな豪族が領土を広げ、16世紀の最盛期には、現在の東欧からアラブ世界、西アジア、西アフリカに至る大帝国を築きあげていたのです。

そんな世界に国境線という概念を持ち込み、砂漠にまで近代的なラインを引いたのは、イギリスとフランスを中心とする欧州列強でした。列強は、19世紀末頃から、アラブ世界に進出、じょじょに植民地化していきます。そして、20世紀になると、海洋覇権を握っていたイギリスに対し、新興のドイツがヨーロッパ大陸での覇権を求めて勢力を拡大します。そして、第一次世界大戦が勃発、オスマン帝国はドイツと組み、イギリスやフランスと戦いました。

結局、オスマン帝国は、ドイツとともに敗れて、帝国は崩壊します。以後、アラブ世界は、戦勝国のイギリスやフランスが切り取りますが、その線引きはきわめてずさんで、地図上で直線的に引いた境界線もありました。

その後、紆余曲折を経て、アラブ諸国が独立していくなか、そのずさんな境界線が国境の基本となり、それが今日に至る紛争の火種にもなっているのです。

クルド人が第一次世界大戦後、4か国に分裂させられるまで

クルド人は、国土を持たない民族では、世界最大級の民族。人口は2500万～3500万人と推計され、中東ではアラブ人、トルコ人、ペルシア（イラン）人に次いで多いのですが、独自の国家を持っていません。彼らが居住するエリアは、第一次世界大戦後、4つの国に分割されたのです。

クルド人は、古くから「クルディスタン」と呼ばれる中東北方の山岳地帯で暮らしてきました。古くは、ペルシア圏、アラブ圏の各王朝から一定の自治権を認められ、オスマン帝国が勢力を広げると、クルディスタンはほぼ丸ごとその勢力下に入りました。

20世紀、第一次世界大戦がはじまると、イギリスやフランスは、クルド人に戦後の国家建設を約束し、連合国への協力を求めます。そして、ドイツと組んだオスマ

ン帝国が敗れると、戦後、結ばれた講和条約には、クルド人による国家建設が明記されました。

ところが、新しくトルコ共和国が成立すると、トルコはクルド人の独立を拒否します。

この要求が通って、1923年、新たに結ばれた条約で、クルド人の居住地は、トルコと英仏の委任統治領に分断されることになりました。

その分断された土地が、第二次世界大戦後、個別に独立して、今ではクルド人の居住地はトルコ、イラン、イラク、シリアの4か国に分かれることになりました。そして、クルド人は、それぞれの国で山岳部に住む少数民族として扱われることになったのです。

クルド人にとって、さらに不幸だったのは、分断され編入された国同士、とりわけイラクとイランが不仲だったことです。イラクは、イラン国内のクルド人に武器を与えてイランを内側から攪乱しようと画策し、イランもイラク内のクルド人に武器を供与します。そうして、クルド人は、両国に利用されたあげく、両国から弾圧されるようになったのです。

今、イラク内では、クルド人は自治区を形成するなど、一定の権利を獲得はしていますが、まとまって国家として独立するのは、依然困難な情勢が続いています。

アフリカの国境は、なぜ、直線が多くなっているのか

アフリカは、19世紀から20世紀にかけての帝国主義時代、ヨーロッパ列強によって分割されました。

イギリス、フランス、ベルギー、ドイツ、イタリア、スペイン、ポルトガルなどが植民地化に乗り出したわけですが、その際、列強諸国は、地図上に定規で線を引いて、勢力範囲を決めることがありました。

とくに、サハラ砂漠やカラハリ砂漠周辺は、定規で領土を決めることが多かったので、今もその「直線」がアフリカ諸国の国境線になっているところが数多く残っています。

むろん、定規で国境線を決めるときには、そこに住む民族のことは、まるで考慮されませんでした。そのため、アフリカには、同じ民族・部族が2つの国に分かれ

たり、異民族なのに同じ国にまとめられたところが少なくありません。

現在まで続くアフリカでの民族紛争は、その多くが、この定規で引いた国境線が根本的な原因となっています。

ソマリア海が世界一の海賊地帯になった地形的理由

ソマリアは、東アフリカのインド洋とアデン湾に面する国。その「アフリカの角」と呼ばれる地域の沖合は、近年、世界一の「海賊」多発地帯となっています。

現代の海賊は、ＡＫ47（自動小銃）やロケットランチャーで武装し、タンカーや貨物船に攻撃を仕掛けて船員を拘束、身代金を要求します。２００８年7月には、日本の貨物船が襲われて21人が人質となり、２００万米ドル（当時のレートで約2億円）を支払ったとみられています。

海賊がソマリア沖で跋扈《ばっこ》するようになった背景には、政治的な事情と地形的な理由があります。まず、政治的には、ソマリアでは長年内戦が続き、多くの人が仕事と収入を失うなか、徴兵され、軍事訓練は受けてきたという事情があります。

一方、地形的には、ソマリアの臨海地帯と海には、海賊にとっての好条件がそろっています。まず、ソマリア沖は紅海の出入口に近く、周辺の陸地の地形は複雑で、身をひそめる場所に困りません。また、紅海に向かって狭まっていく海域では、大型船はスピードを出せないので、小回りのきく小型船を駆使すれば、楽に追いつき、攻撃することができるのです。

また、紅海はスエズ運河に近いため、大型船舶が頻繁に航行しています。とりわけ、中東の産油地帯が近いため、大型タンカーも頻繁に通過します。タンカーは、原油を積んでいるので、攻撃による爆発を避けるため、海賊の命令に抵抗できません。海賊にとっては、最も制しやすいターゲットなのです。

アメリカとカナダの直線的な国境はどうやって引かれたのか

アメリカとカナダの長い国境線の大半は、直線的に引かれています。両国の国境線は2本あって、1本は北緯49度線に沿って東西（地図上ではヨコ）に引かれているもの。もう一本は、アラスカ（アメリカ領）とカナダを区切るため、西経141

■アメリカとカナダの国境線

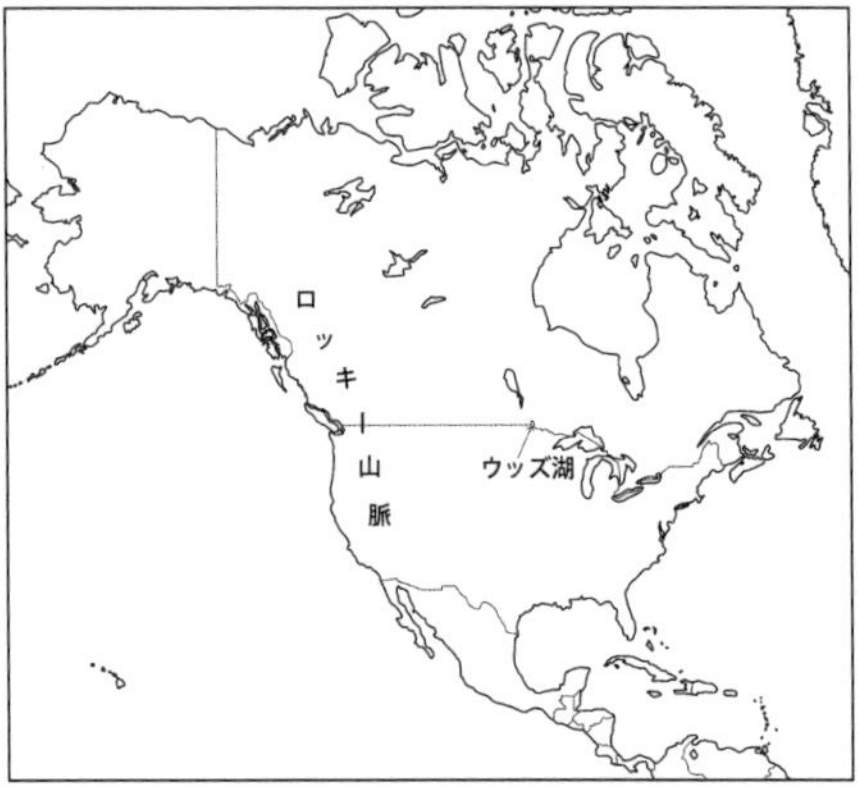

度線に沿って南北（地図上ではタテ）に引かれている線です。

この2本の国境線を確定させるまでには、長い時間がかかっています。まず、東西に延びる国境線は、1783年のパリ条約で基本合意されたのですが、当時は測量技術が未熟だったために、後々、いろいろな問題が生じることになりました。

そこで、条約を作り直し、1818年、まず五大湖付近のウッズ湖から西のロッキー山脈に至るまでは、北緯49度線を国境線とすることが取り決められました。

そして1867年、アメリカがロシアからアラスカを買収したときにも、国境線をめぐる問題が生じました。現在のアラスカ・カナダの国境は、じつは直線ではなく、太平洋岸でカナダ領に細長く食い込んでいます。その地域などをめぐる国境線の確定に36年間もかかり、ようやく１９０３年、最初の１７８３年の条約から数えると、１２０年もかかって、アメリカ・カナダを区切る国境線は確定したのです。

社会主義国キューバの国内にある米軍基地グアンタナモ

地政学的にはシーパワーに属するアメリカは、世界中に軍事基地を持っていますが、そのうち、奇異に思えるのは、キューバ国内にも基地を持っていることです。キューバは米国の仇敵といってもよい社会主義国。なぜ、その国内に軍事基地を構えているのでしょうか？

その理由を探ると、話は１８９８年のキューバ独立時にまでさかのぼります。同年、アメリカが米西戦争（対スペイン）に勝利した際、キューバはスペインから独立します。ただし、当時のキューバは、アメリカの保護国に近い存在であり、独立から5年後の１９０３年、アメリカはキューバ南東のグアンタナモ湾を永久租借しました。

しかし、その56年後、フィデル・カストロが親米政権を打倒して、社会主義政権を樹立します。まもなく、カストロは当時、アメリカの仇敵だったソ連に接近し、ケネディ大統領はカストロ打倒を宣言します。そうして、アメリカとキューバは対立を深め、ソ連がキューバ国内に核配備しようとしたこともあって、キューバ問題はあわや米ソの核戦争に突入寸前という事態にまで発展しました。

むろん、そうした過程で、キューバはアメリカにグアンタナモの返還を要求し続けてきましたが、アメリカは断固拒否。キューバは送水を停止するなどの嫌がらせを重ねますが、アメリカは海水の淡水化などで対抗して、今も天敵のキューバ国内に米軍基地が存在するという摩訶不思議な状態が続いているのです。

フランスがニューカレドニアを手放さない事情

かつて、大英帝国と対抗したフランスは、太平洋の島々をいくつかおさえていました。そして、今もニューカレドニアやタヒチを手放すことなく、領土としています。

まず、ニューカレドニアは南太平洋上、オーストラリアの東1200キロに浮かぶ島です。

日本では、かつてのベストセラー小説『天国にいちばん近い島』の舞台として有名になりました。また、あまり知られていませんが、19世紀末から20世紀初頭にかけて、ニッケル鉱山の労働者として、約5000人の日本人が移住したこともあり、現在も、同島には1万人近い日系人が暮らしています。

もともと、ニューカレドニアがヨーロッパに知られるようになったのは、1774年、イギリスの探検家キャプテン・クックが到達して以来のことです。その風景がスコットランドを思い起こさせたことから、かつてローマ帝国がスコットランドを「カレドニア」と呼んでいたことにならって、「ニューカレドニア」と命名されました。

その島にフランスが手を伸ばしたのは、19世紀半ばのこと。フランスは、当時オーストラリアを植民地としていたイギリスを牽制するため、提督を派遣してニューカレドニアの領有を宣言したのです。その後、フランスは、70年間は流刑地として利用し、約2万2000人の重犯罪人を流しました。転機となったのは、20世紀初頭、同島にニッケル鉱が発見されたことです。以後、フランスは鉱山開発に力を入れました。

　1970年代からは、先住民のカナク人らによる独立運動が高まり、80年代には武力衝突が頻繁に起きました。それでも、フランスがこの島を手放さなかったのは、やはりニッケルがとれるからです。同島は、世界5位レベルの量のニッケルを埋蔵するとみられ、コバルト、クロム、マンガンなどのレアメタルにも恵まれています。日本も、今もニッケル鉱の年間輸入量の約半分はニューカレドニア産であるなど、経済的に重要な関係にあります。

　また、フランスは同島に海軍基地をおき、近くのムルロア環礁で核実験を行っていたので、軍事的理由からもニューカレドニアを手放すことはできなかったのです。一方、島の人々にも、今のままフランスの援助を受けていたほうがいいと考える人がいて、独立問題は依然複雑な情勢にあります。2024年には暴動が発生、ニッケル工場が閉鎖に追い込まれるなど、経済的にも難しい事態になっています。

　また、フランスは、南太平洋にもう一島、タヒチ島を1880年以来、領有しています。2024年のパリ五輪では、タヒチがサーフィンの会場になりました。

　タヒチにも、イギリス人が先に到着し、タヒチ王国はイギリスの保護下に置かれていました。しかし、その後、フランスがカトリックを布教しながら、しだいに勢力を強め、両国の綱引き状態が続きます。やがて、フランスの勢力が優勢となり、フランスは自国の保護下に入ることを強要します。結局、タヒチ王国の国王ポマレ5世は、条約を結び、タヒチはフランス領となりました。その際、イギリスはフランスから賠償金を受け取って、タヒチから手を引いています。フランス人の画家、ゴーギャンがタヒチを訪れたのは、そのすぐ後のことでした。

パプアニューギニアがまっすぐな国境線で二分割されている理由

ニューギニア島は、オーストラリア大陸のすぐ北、その面積は日本の国土の約2倍、グリーンランドに次いで世界で2番目に大きな島です。

ニューギニア島では、島のほぼ真ん中を国境線が走っています。東経141度線を境に、西部がインドネシア、東部がパプアニューギニアの領土となっているのです。この一直線の国境線は、ヨーロッパの国々の植民地時代の名残りといえます。

まず、この島には、大航海時代、ポルトガル人らがやってきました。しかし、ヨーロッパ勢力は、このジャングルにおおわれた島を利用することができず、その時点では、ほぼ手つかずのまま残されることになりました。

19世紀になると、ヨーロッパ諸国の草刈場となり、イギリス、ドイツ、オランダが話し合って、1828年、島を分割します。オランダが島の西半分、東半分は、北側がドイツ、南側はイギリスと、ケーキのように切り分けたのです。

1901年、オーストラリアがイギリスから独立した際、ニューギニア島のイギリス植民地部分も継承します。さらに、第一次世界大戦でドイツが敗戦国になると、ドイツが領有していた部分も、国際連盟によってオーストラリアの委任統治領とされます。つまり、東半分はオーストラリア支配でまとまったのです。

その東半分は、第二次世界大戦後、オーストラリアから自治領として認められ、1975年、「パプアニューギニア」として独立を果たしました。

一方、西側は、第二次世界大戦後、オランダから独立したインドネシアが領有権を主張します。これに島民が反発したため、当面はオランダ領のままとされ、オランダは1961年、西半分が「西パプア共和国」として独立することを認めました。ところが、インドネシアがこれに反発して軍を派遣、戦争状態となりました。

国連は事態収拾のため、1962年、西半分をいったん管理下におき、その後、インドネシアにゆだねます。すると、インドネシアは西半分を併合してしまったのです。

こうして、ニューギニア島は、ほぼ島の真ん中を通る東経141度線で真っ二つに分割されることになったのです。

なぜヨーロッパには数多くの〝ミニ国家〟が残っている？

ヨーロッパには、多数のミニ国家が残っています。面積の小さい順に並べてみると、次のようになります。

・バチカン市国（面積0・44平方キロ）
・モナコ公国（面積2・02平方キロ）
・サンマリノ共和国（面積61・4平方キロ）
・リヒテンシュタイン公国（面積160平方キロ）

・マルタ共和国（面積316平方キロ）
・アンドラ公国（面積468平方キロ）
・ルクセンブルク大公国（面積2586平方キロ）

ちなみに、サンマリノは世田谷区とほぼ同じ広さ。ミニ国家のなかで最も大きな国ルクセンブルクでも、東京都とほぼ同じ広さです。なぜ、ヨーロッパには、このような小国が多数あるのでしょうか？

そもそも、ヨーロッパ大陸に、今のような明確な国境線が引かれるようになったのは、それほど昔のことではありません。中世までの封建時代は「国土」という概念は希薄で、土地は各領主の領土、つまり封建領主の家産という側面が強かったのです。たとえば、中世、「ドイツ」といっても、ドイツ民族はいてドイツ語はあっても、その国土の領域がどこからどこまでかは、はっきりしていなかったのです。

その後、絶対王政の時代に王権が強まり、封建領主の力が衰えて、「国土」という考え方が強まります。そして、フランス革命、ナポレオン時代を経て、各地に民族を統一した「国民国家」が成立し、近代的な意味での国境線が引かれていきます。

ところが、そうした動きのなかで、さまざまな事情から、「どの国にも組み込まれない小さな地域」が残りはじめました。それが、現在の小国の原型となっているのです。

今、南極の領有権はどうなっているのか

南極大陸の面積は約１４００万平方キロメートル、日本の国土の約37倍に相当します。現在、地球上の土地は、ほぼすべてがどこかの国の領土になっていますが、地球上の大陸のうち、南極大陸だけはどの国の土地でもありません。南極条約によって領有権問題は〝凍結〟されているのです。

むろん、過去に南極大陸の領有を主張した国がありました。国際法には、「先占」（先に到達し、領有を宣言すること）という領域取得の原則があります。

南極の場合、まず１９０８年、イギリスが調査船を派遣して領有を主張します。すると、フランス、ノルウェー、オーストラリア、ニュージーランド、チリ、アルゼンチンも、同様に主張します。イギリスとノルウェー以外の国は、自国の海域が

南極海域と接する割合に応じて、領土を分配しようと主張しました。ただ、南極大陸は、約98％が氷におおわれた大陸であり、当時の技術では実効支配が難しく、議論は深まりませんでした。

ところが、第二次世界大戦後、科学技術が進歩すると、実効支配が現実性を帯びてきます。領有権が再び注目され、議論がはじまり、1959年、関係12か国の間で「南極条約」が締結されました。

「南極条約」は、南緯60度以南の南極地域では、平和的利用に限るとし、軍事利用の禁止、調査の自由などを定め、領有権については凍結しました。その後、この条約の締結国が増え、それが国際ルールとなっています。

ですが、南極条約では、領有権は凍結されたのであって、放棄されたわけではありません。今でも将来の領有権争いを想定している国はあり、1982年、イギリスとアルゼンチンの間で起きたフォークランド紛争は、イギリスが南極領有権を主張する根拠として、アルゼンチン沖合の島を保有していることが原因となりました。

領海が沿岸から12海里に決まるまでの攻防

世界の海は、大きく「公海」と「領海」に分かれます。「公海」はどの国にも属さず、自由に航行し、魚を獲ることもできる海のこと。一方、「領海」は、特定の国が領有する海域を指します。

そうした公海・領海の区分が生まれたのは、17世紀末のことでした。軍事技術が進歩するなか、イギリスやフランスなどが話し合い、3海里（5・556キロ）までを各国の領海とすることになったのです。

この3海里という距離は、当時、最新鋭だった大砲の射程距離が基準にされました。その大砲の射程範囲が、当時の国々が自衛できる範囲であり、その距離が領海と定められたのです。

ところが、その後、軍事技術が進歩するなか、領海を4海里、6海里、なかには200海里などと、各国が勝手に主張しはじめます。そこで、1960年代から再議論がはじまり、1982年に採択された『海洋法に関する国際連合条約（国連海洋法条約)』で、領海は自国の沿岸から12海里(22・224キロ)以内、排他的経済水域(当時)を同じく200海里(約370キロ)以内とすると定められたのです。その範囲の海域は、漁業や海底採掘など経済的主権に限って認められています。

CHAPTER 2

地理と世界経済の
見えないつながりを追う

イギリスの東と西では、違う産業が発達した理由

この章では、世界地理と経済の関係について述べていきますが、まずは世界史的な経済ムーブメントだった「産業革命」が、イギリスの地形からはじまったという話から、はじめましょう。

その産業革命と関係する地形とは、イギリス本島を南北に走り、「イギリスの背骨」と呼ばれるペニン山脈のことです。

そもそも、イギリスに限らず、「山脈」は、経済発展に対して大きな影響を与えます。山脈に隔てられた両側地域の経済は、まったく違った方向に発展することがよくあるのです。

その第一の理由は、山の両側では、気象条件が異なるためです。イギリス本島はその典型例です。ペニン山脈は、最高峰でも標高８９３メートルという、日本人の感覚でいうと、なだらかな丘の連なりのようにも思える山々ですが、それでもイギリスの東西に異なった気候と、違う形の経済発展をもたらしたのです。

イギリス本島には、西側の大西洋から、湿った温かい風が吹きつけます。そのため、同山脈西側は雨が比較的多く降り、その一方、山脈の東側は、雨雲が山脈にさえぎられるため、雨量の少ない乾燥した土地が広がることになりました。この東西の気候差が、イギリスに産業革命をもたらしたといわれるのです。

産業革命の初期の主役は紡績業でしたが、その原料となる綿花栽培には、山脈西側の高湿度の気候が適していました。そのため、西部のランカシャー地方では、マンチェスターを中心に、産業革命以前から綿工業が発達していました。豊富な雨のおかげで水力（水車）を利用でき、綿工業のマニュファクチャーが盛んだったのです。

一方、東側では、乾燥気候に適した毛織物業が発達しました。ヨークシャー州のリーズを中心に、乾燥した大地で羊を飼育し、羊毛を生産していたのです。

産業革命期には、綿工業と毛織物業を得意とする東西両地域が、ライバルに打ち勝つため、より効率的な生産をめざして切磋琢磨し、知恵を絞って機械化を進めました。その地理的条件で分けられた両地域の競争が、産業革命をもたらす原動力となったのです。

アメリカの繁栄を支えた五大湖沿岸の都市が「ラストベルト」になるまで

この章では、地理と経済の関係について述べていきますが、その背景となる学問分野に「経済地理学」があります。「地理学」は枝分かれの多い学問で、大きくは自然地理学と人文地理学に分かれ、それぞれさらに分岐して、人文地理学のうち、地理と経済の関係を分析する学問が経済地理学です。

耳慣れない名かもしれませんが、経済地理学は古くからある学問分野です。日本では1954年にすでに経済地理学会が設立され、各産業の立地・発展・集積と地理的な条件の関係などが考察されてきました。この章では、そうした学問を背景にしながら、なぜ、その土地で特定の産業が生まれ、発展したのか、といった疑問を解き明かしていきたいと思います。

さて、前項の「山」に続いて、海・川・湖などの「水」が、経済にどのような影響を与えるかについて、お話ししましょう。

植物学に「リービッヒの最小律」という概念があります。「植物の生長速度や収量は、必要とされる栄養素のうち、最も少ないものにのみ、影響される」という法則ですが、経済成長にも、この「リービッヒの最小律」のような法則が働き、そのカギを握るのは「水」です。水がなければ、経済活動は成り立ちません。土地があっても、労働力が豊富でも、水がなければ、農業も工業も成立しないのです。逆にいえば、世界中の産業は、水をふんだんに使えるエリアで栄えてきました。

その例は枚挙にいとまがありませんが、この項ではアメリカ北東部の「五大湖沿岸」を取り上げてみましょう。アメリカの産業革命以降、製造業の中心となってきたエリアです。

たとえば、五大湖沿岸の都市デトロイトは、GM、フォード、クライスラーの本社が置かれるなど、アメリカを代表する工業都市でした。他にも、五大湖沿岸には、シカゴやミルウォーキーなどに鉄鋼、ゴム、半導体などの巨大メーカーが集積し、大工業地帯を形成してきたのです。

それは、五大湖の水をふんだんに使うことができたから、可能になったことです。五大湖の総面積は約24万平方キロ。塩湖以外では世界最大級、日本の本州（約23万平方キロ）以上の広さを誇ります。五大湖沿岸では、その水を工業用水だけでなく、水運にも利用できました。周辺地域から資源を低コストで運びこみ、また完成品を運び出すのにも舟運を安価に利用できたのです。

ただ、五大湖周辺の工業都市は、近年、衰退する一方です。デトロイトなどは、一時は全米随一の犯罪多発都市として恐れられる事態に陥りました。転落の発端となったのは、1970年代のオイルショックと日本の自動車産業の勃興でした。

オイルショック以降、アメリカでは、燃費のいい日本製小型車に人気が集まり、アメリカの大型車の販売台数は急減しました。ほかにも、オイルショックによって、米製造業の弱点があらわになり、日本製品に市場を奪われました。そのなかで、最大の悪影響を被ったのが、五大湖周辺の工業地帯だったのです。

ちょうど、その時期、五大湖沿岸の工場地帯では、機械や設備が老朽化し、人件費が高騰していました。そうして、閉鎖する事業所や海外移転する企業が続出し、いわゆる「産業の空洞化」が進行することになったのです。

さらに、もともと五大湖沿岸は、水運を利用して、鉄鉱石や石炭などの資源を低コストで運べることが、有利な立地基盤になっていました。しかし、そのころには、近隣で産出される資源が枯渇し、海外から輸入するようになっていました。すると、むしろ五大湖沿岸という内陸地帯にあることがハンディキャップになり、それも衰退の原因になったのです。

そうして、この地域は「ラストベルト」（錆びついた地域）と呼ばれるようになったのです。

かつて貧しかった米国・南部諸州はなぜ経済発展できたか

アメリカで、五大湖沿岸の経済的衰退と入れ代わるように浮上したのが、南部諸州です。

第二次世界大戦前、アメリカの経済には目に見える「南北格差」がありました。19世紀半ばの南北戦争以降、合衆国連邦政府は、同戦争に勝利した北部に重点投資し、南部は経済的に日の当たらない地域となったのです。

ようやく、1930年代、大恐慌時のニューディール政策で、政府はTVA（テネシー川流域開発公社）を設立するなど、南部開発に着手。南部でも、以前よりは、水と水力発電所による電気が手に入りやすくなりました。

南部が全米随一の経済成長地域になったのは、それからさらに半世紀もたった後のことです。そして、光り輝く地域という意味で、「ラストベルト」に対して「サンベルト」と呼ばれるようになりました。

南部発展のきっかけは、軍事関連産業が集積したことでした。まず、広大な用地を必要とする軍事基地が、低地価の南部の荒野に設けられます。それに付随して軍事研究所などの関連施設が南部に集まります。たとえば、原爆開発の主力工場も、TVAの水と電力をふんだんに利用できる場所に建設されました。

また、軍事と関係の深い航空宇宙産業も、テキサス州のヒューストンなど、軍事基地の近くに集まります。航空宇宙技術はすそ野の広い産業であり、多数の先端技術関連の企業も南部に集積することになりました。

もともと、南部は、エネルギー面では、原油や天然ガスに恵まれた地域です。とくに、オイルショック以降は、この地元の資源が大きな意味をもつようになりました。

また、意外なところでは、冷房設備が普及したことも、南部の経済発展に拍車をかけました。エアコンで夏の暑さをしのげるようになると、南部の温暖な気候が米国民を引きつけ、フロリダ州を中心に、南部はリゾート地としても人気の地となったのです。今、フロリダ州には全米で3番目に多い約2200万人が住んでいます。そうして、経済をめぐる〝南北戦争〟は、南部の圧勝に終わったのです。

アメリカのアパラチア山脈東側の大都市群「ボスウォッシュ」

「ボスウォッシュ」（BosWash）という言葉があります。アメリカの東部の都市、ボストンとワシントンの名をつないだ言葉で、その間に帯のように連なる都市群とその周辺地域を指します。その約900キロにおよぶ地域には多数の都市が連なり、約5000万人の人々が暮らしているのです。

そのなかには、ニューヨークやボストンのような港町もありますが、米東部を南北に走るアパラチア山麓に発達した都市も数多くあります。北から、フィラデルフィア、ボルチモア、ワシントン、リッチモンド、ローリー、コロンビア、コロンバスといった諸都市が直列しているのです。なぜ、アメリカ東部では、山の麓にも都市が連なったのでしょうか？

これにも、やはり水（水力）が関係しています。ワシントンなどの諸都市は、アパラチア山脈から流れ出る河川の流域にあるのです。

同山脈を源とする川の多くは、中流近くで滝や急流をつくります。それが、東部の開拓期には、格好のエネルギー源になったのです。滝や急流付近では、水の流れで動く「水車」を効率よく利用できるからです。

それらの地域では、水車を動力として、まず製粉業や製材業が発達しました。やがて、水位の落差を利用する水力発電が発明されると、滝近くに多数の水力発電所が建設されます。それによって、電力を安価に利用できたので、他の工業も栄え、さらに人を呼び寄せ、ビレッジはタウンへ、タウンはシティへと発展したのです。

そうした経済発展のエネルギー源となった「滝」の並ぶラインを「滝線（フォール・ライン）」と呼び、滝線上に生まれた都市を「滝線都市」と呼びます。アメリカ東部に直列する都市の多くは、そうした滝線都市なのです。

そのような滝線都市と、ボストンやニューヨークのような港町を合わせて、今、「ボスウォッシュ」と総称しているというわけです。

イタリアでは、北部で工業が発達した地理的要因

イタリアの地理と経済をめぐっては、よく「イタリアには、南部と北部の2つの国がある」といわれます。イタリア南部には農業地帯が広がり、経済的にはやや貧しく、その一方、北部はミラノやトリノ、ジェノヴァなどの工業都市が集中し、経済的に繁栄しているからです。

そのような南北の差異をもたらしたのは、やはり「水」であり、その供給地である「山脈」の存在でした。

まず、北部で工業が発達したのは、乾燥地域の多いこの国では、比較的、水に恵まれているからです。豊かな水をもたらしたのは、北方にそびえるアルプス山脈です。イタリア北部は同山脈の南麓に位置し、山から流れ出る川の水を工業用水に使えるほか、水力発電にも利用できました。その水と電力によって、北部の工場は動いてきたのです。

そうした川の代表格といえるのが、イタリア最大の大河、ポー川です。ポー川

は、アルプス山麓から、イタリア半島の付け根あたりを東西に横切り、アドリア海にそそいでいます。同川流域では、早くから養蚕業が栄え、資本蓄積と家内制手工業の基盤があったので、産業革命期、工場制機械工業に移行しやすい素地が整っていました。そして、19世紀半ばには、綿織物・毛織物工業が栄え、さらに資本や技術が蓄積されて、今日の重工業の礎を築くことになったのです。

一方、そういう豊富な水源に恵まれなかった南部では、工業はあまり発展せず、今も水をあまり必要としないブドウ栽培とワインづくりが主力産業となっています。

ポルトガルの都市が川の北側に発達したのには理由がある

ポルトガルは今は小さな国ですが、かつて大航海時代には、世界最大級のシーパワー型国家として覇権を争い、戦国時代の日本にも大きな影響を与えた国です。

そうした海の民の国だけに、ポルトガルの都市の多くは、海に近い河口付近に発達してきました。さらに、その都市をよく見ると、川の「右岸」が発達していることがわかります。川の右岸とは、川上から川下に向かって見たときの右側のことです。ポルトガルでは、大半の川が東（スペイン側）から西（大西洋）へ向かって流れているので、右岸は北側ということになります。具体的にいうと、ポルトガルの首都リスボンはテージョ川の右岸（北側）、人口第2位のポルトはドゥエロ川の右岸（北側）、古都のコインブラはモンデーゴ川の右岸（北側）に発達しています。

他の国では、そうとは限りません。たとえば、フランスでは、パリはセーヌ川をはさんで両岸ともに発展していますし、リヨンは左岸から発展した都市です。

ポルトガルだけが、ほぼすべての都市が右岸から発展した背景には、次のような歴史的理由があります。

8世紀初頭、イラスム勢力が、今のポルトガルを含むイベリア半島にアフリカから侵入し、イスラム国を打ち立てました。その後、キリスト教勢力は領地の奪回を試み、イスラム勢力を徐々にイベリア半島の南端に追い詰めていきます。

その過程で、キリスト教勢力のとった戦術は、まず川の右岸、つまりは北側を奪還し、その小高い山に城砦を建設することでした。そして、その城を中心に、戦力、経済力を充実させてから、左岸のイスラム勢力に総攻撃をかけたのです。

そして、川の左岸（南側）からイスラム勢力を追い払うと、すぐに南下し、次の川のほとりまで進撃します。そこでまた、川の右岸を占拠し、左岸攻略の拠点をつくります。ポルトガルは、この戦法を繰り返して国土を奪還したため、どの都市も右岸が発達することになったのです。

世界第6位の河川国がなぜ水不足に悩まされるのか

今後、水をめぐって、経済的な「リービッヒの最小律」が働きそうなのが、中国経済です。中国には、長江、黄河という世界有数の大河が流れ、その河川水量は世界第6位の座を占めています。それなのに、中国は近年、水不足に悩まされ続けているのです。

その主原因は、むろん中国が膨大な人口を抱えていることです。中国の河川水量は世界第6位でも、人口が約14億人にのぼるので、一人当たりの水量では世界の100位近くにまで下がってしまうのです。

さらに、この四半世紀の経済発展によって、中国経済は工業用水や農業用水としてて水をがぶ飲みしてきました。そのため、取水量が多くなりすぎて、近年は黄河でさえ、干上がるところが出てきているくらいです。とりわけ水道設備の整っていない山村部には、給水車が回る必要のあるところも出てきています。都市部でも、昼間は工業用水が多く使われるため、マンションなどの高層建築では、上層階まで水が上がってこないことがあります。

そのため、今後、中国経済の最大のネックとなるのは、人手不足でも資金不足でもなく、水不足だという専門家が少なくないのです。

また、中国、とくにその北部では、砂漠化が進行しています。中国では、1950年から70年代にかけて、開墾や放牧のため、大規模な森林伐採を行いました。中国北部はもともと乾燥地帯ですが、過度の森林伐採がさらなる砂漠化をもたらしたのです。「砂漠化は毎年、3400平方キロメートルのペースで拡大している」と発表されたこともあります。これは、鳥取県1個分に相当する面積です。

「経済は気温11℃のところで栄える」といわれる理由

気象と経済をめぐっては、「文明は気温11℃のところで栄える」という説があります。これは、20世紀初頭のアメリカの地理学者で、「環境決定論者」のエルズワース・ハンティントンが唱えた古典的な学説です。その説の「文明」という言葉は、ほぼ「経済」と置き換えることができます。

たしかに、経済の発展した先進国は、例外なく温帯地方にあり、年間の平均気温が11℃前後のところが多いのです。

逆に、平均気温がそれよりもはるかに高かったり、低かったりする国は、経済的には恵まれない場合が目立ちます。暑すぎたり寒すぎたりすると、労働意欲や活動力が低下するのはやむをえないことでしょう。国の総生産も、結局は一人ひとりの働きにかかっています。そのため、気象条件は、一国の経済活動に大きな影響を与えることになるのです。

ただし、この説を含めて「環境決定論」の立場にたつと、東南アジアやアフリカなどの暑い国は、永久に経済力が伸びないことになってしまいます。しかし、現実には、そうはならないでしょう。その第一の理由は、「環境」自体が変化しうるからです。

たとえば、近年、暑い国でも、冷房装置の普及というイノベーションによって、室内温度をコントロールできるようになっています。それが、経済レベル全体に好影響を与えているのです。つまり、エアコンの普及によって、涼しい場所で働けることが能率を上げ、今後、気候による経済的ハンディキャップが解消される可能性があるというわけです。

今の地理学では、経済にとって「環境的条件がすべてではない」と考えられています。ハンティントン自身、晩年には「気候変動は文明の興亡の一条件にすぎない」と述べています。

アフリカの経済発展を妨げた理由は、海岸線にあった

海に面した町、とりわけ良港の条件を備えた町は、経済的に繁栄する可能性が高まります。たとえば、日本では、江戸時代、小さな漁村だった横浜と神戸が、幕末以降、大都市に発展したのは、大型船が停泊可能な深い海に面し、良港になる素質を備えていたからです。そして、開港後、国内外の船が多数寄港することで、人やモノが行き交い、発展することになったのです。

むろん、それは他国でも同様で、たとえばイギリスの首都ロンドンも、そのひとつです。ロンドンは、海と直接には面していませんが、テムズ川の下流が大型船舶の航行が可能なほど深いため、同川沿いの港町として発展しました。そして、イギリスが海洋国家として世界の覇権を握るなか、世界の首都と呼ばれたほどの大都市に成長しました。

そのように、良港に恵まれることは経済発展の重要条件といえますが、その点、総じて良港に恵まれていないのが、アフリカの国々です。

まず、アフリカの海岸線は全体に凹凸が少なく、海岸線の長さは面積では3分の1以下のヨーロッパよりも短いくらいです。海岸線が直線的であるということは、荒天時の荒波や暴風を防げるような港の適地が少ないということです。

さらに、アフリカ大陸は、その約60%が標高500メートル以上の台地であり、しかも、その台地の多くが海岸近くまで迫っています。そのため、多くの川は海岸近くで急流や滝となって海に流れ込みます。これも、港には不向きな地理的条件です。

そのため、アフリカには港をつくれる場所が少なく、とりわけ船以外の交通手段がなかった時代には、外界との交流が困難でした。もし、アフリカ各地が良港に恵まれていれば、外界との交流を通して文化文明が刺激され、経済的にもより発展していたとみられています。

また、アフリカで、漁業があまり発達しなかったのも、港に恵まれていないからです。アフリカ近海にはマグロやタコ、エビなどの好漁場が多く、日本の遠洋漁業船も多数操業してきました。そうした漁業資源に恵まれた地域で暮らしているのに、アフリカの人々は、総じて魚をあまり食べません。それも、港が少ない分、海に出る技術があまり養われなかったからです。

なぜ、ブラジルはコーヒーの大産地になったのか

ここからしばらくは、農業地理学的に、世界の地理と農業の関係について見ていきましょう。

まず、テーマとしたいのは、ブラジルのコーヒーです。ブラジルは、ご承知のように、世界最大のコーヒー生産国であり、2024年発表の最新データでは、約317万トンを生産し、2位以下を大きく引き離しています。なぜ、ブラジルはコー

ヒー大国になったのでしょうか？

　その歴史をさかのぼると、ブラジルにコーヒーの苗木がもたらされたのは、1727年のことでした。ただ、その後、すぐにブラジルの主産物になったわけではなく、コーヒー生産量が飛躍的に伸びはじめたのは、その約半世紀後の1773年以降のことでした。この年、アメリカで「ボストン茶会事件」が起きたのです。

　当時、イギリスの植民地だったアメリカでは、コーヒーよりも、紅茶がよく飲まれていました。ところが、本国政府が「茶条令」を発布して、輸入紅茶販売を独占し、価格のつりあげを図ると、植民地の人々はこれに憤激。ボストンに停泊中だった英国船を襲い、積み荷の紅茶を海中に投げ捨てたのです。

　この事件をきっかけにして独立への気運が高まるとともに、アメリカでは、イギリスを利する紅茶ではなく、コーヒーを飲む人が急増しました。そのアメリカにコーヒー豆を供給するため、ブラジルでコーヒーが大増産されることになったのです。もともと、ブラジルの気候はコーヒー生産に適していたので、その後、順調に発展し、世界一の座を占めることになりました。

　なお、現在、コーヒー生産量の世界2位は、ベトナム（約195万トン）です。

昔からのコーヒー生産国のインドネシア（約79万トン）をおさえ、2位に食い込んでいるのです。

ベトナムのコーヒー生産量が伸びたのは、ベトナム戦争後の1980年以降のこと。おもに中部の高原地帯で、病害虫に強いロブスタ種が作られています。

エチオピアとコーヒー栽培をつなぐ地理的条件

エチオピアもコーヒー豆の有力な産地です。2024年発表のデータでは、世界第5位の約50万トンを生産。これは、アフリカでは最も多い数字です。

そもそも、同国南西部のカファ州は、コーヒー豆の原産地であり、コーヒーという名はその地名に由来します。同国の経済を支えているのもコーヒーで、外貨の多くをコーヒー豆の輸出によって稼いでいます。

同国がコーヒー栽培に向いているいちばんの理由は、国土の4分の1が標高2000メートル以上の高原地帯だということです。コーヒー豆は熱帯作物ですが、そのなかでは冷涼な気候が栽培に適しています。その点、高原国のエチオピアは、首都アディスアベバの年平均気温が16度という、アフリカのなかでは涼しい国で、コーヒー豆の栽培に向いているのです。エチオピア産のコーヒー豆は、アラビア半島南端の港町モカに運ばれ、その港町の名で世界中に広まりました。そこから、その運搬ルートは「コーヒーロード」と呼ばれています。

コーヒー豆は、エチオピア以外の国でも、「山」と関係の深い農産物で、たとえば「キリマンジャロ」は、標高5895メートルのアフリカ最高峰キリマンジャロの山麓で栽培されています。

また、コーヒー豆の最高峰とされる「ブルーマウンテン」は、カリブ海に浮かぶ島国ジャマイカ産で、ブルーマウンテンは、同島を東西に走る山脈の最高峰の名。一帯はコーヒー栽培に適した気候条件と肥沃な土壌に恵まれ、本来はこの地でつくられた豆だけが、ブルーマウンテンと呼ばれます。

オーストラリアが一大羊毛地帯になった事情

オーストラリアは、世界の羊毛の約30パーセントを生産する羊毛大国。なぜ、この南半球の大陸で、それほど牧羊が盛んになったのでしょうか？

まず、その地理的条件を確認しておくと、同国は日本の22倍もの面積を有する国ですが、国民の大半は、南東部・南西部の海岸から100キロ以内の温暖な気候と雨に恵まれたエリアで暮らしています。一方、国土の大半を占める内陸部は、年間降水量500ミリ以下の乾燥地帯・半乾燥地帯で、人が暮らすには過酷な環境が広がっています。

ただ、人の暮らしには適していなくても、羊にとっては最適の地といえます。牧草地に適した降水量は、年間250ミリから750ミリで、同国の内陸部はその条件にぴったりなのです。しかも、内陸部は起伏に乏しいので、羊を放牧するにふさわしい地形が果てしなく広がっています。

さらに、内陸部は、もうひとつ、牧羊に必要な条件を備えています。豊富な地下水に恵まれていることです。内陸部は平坦すぎるため、河川や湖沼がほとんどなく、雨水の多くは地表を流れずに地中にしみ込み、地下水脈をつくります。その地下水は集まって地中にある盆地のような地形にたまり、Great Artesian Basin（大鑽井盆地）と呼ばれる地中の水がめ地帯を形成しています。

ただし、そこにたまった地下水は、塩分濃度が高すぎるため、人間の飲用にはできません。しかし、羊用には使えるのです。そうして、（羊用の）水も確保できて、オーストラリアは世界最大の牧羊国となったのです。

食糧不足の国が農産物を輸出せざるをえないカラクリ

アフリカには、農産物の輸出国が多数あります。ガーナやコートジボワールはカカオ豆、セネガルやナイジェリアは落花生、エチオピアやウガンダはコーヒー、ケニアは茶、マリは綿花の輸出国として有名です。

その一方、アフリカには、慢性的に食糧不足に苦しみ、飢餓が深刻な問題となっている国が少なくありません。そして、そういう国も、農産物を輸出しているのです。

どう考えても不合理な話ですが、その状態にアフリカ経済・農業の根本的問題がひそんでいます。その不合理な状態こそ、植民地時代の〝負の遺産〟といえます。

植民地時代、アフリカの国々は、宗主国によって、自給自足経済を破壊されました。そして、特定作物の栽培を押しつけられ、特定の農業原料の供給地にされたのです。その後遺症で、現在も、特定の農産物の輸出で外貨を稼ぎ、足りない農産物は輸入に頼るという経済構造が続いています。

そういう植民地的な経済構造から脱却できないことが、しばしば飢餓状態に陥る原因になっています。輸出用農産物は相場商品であり、その価格は乱高下します。そのため、アフリカ諸国の外貨収入は不安定で、多くは貿易赤字を抱え、必要量の食糧を輸入できない状態にあります。加えて、アフリカでは干ばつがよく起きるため、主食はつねに不足気味です。そこに人口増や政治不安も加わって、しばしば飢餓状態に陥ることになるのです。

熱帯雨林が消えると、人類が食糧不足に陥るカラクリ

「世界の穀倉地帯」と呼ばれるのは、適度に雨が降り、農業用水を確保しやすい地域です。しかし、将来、そうした世界の穀倉地帯に雨が降りにくくなり、水不足に陥る可能性が高まっていると危惧されています。現在進行中の熱帯雨林の破壊がさ

らに進行すると、穀倉地帯の雨量が減少すると予想されているのです。

なぜ、熱帯雨林の減少が、他の地域の少雨を招くのでしょうか？　ここでは、世界の熱帯雨林の3分の1を占めるアマゾンを例にとってみます。

アマゾンに降る雨の半分は、太平洋・大西洋上で生まれた雲によってもたらされます。残りの半分は、アマゾン自体の森林地帯から蒸発した水蒸気が雲をつくり、雨となって再び大地に降りそそいだものです。

熱帯雨林の巨木は、その降りそそいだ水を大量に吸い上げます。その量は、巨木1本で1日に数百リットルにのぼり、その水分は葉から蒸発していきます。そうして、水分は大気中に戻り、上空で冷えて雲になり、雨となって地上にまた落ちてくるのです。

アマゾンの熱帯雨林が破壊されると、この大木を軸とする水循環が滞り、アマゾンの降水量が急減することになります。その影響はアマゾンに止まらず、南北アメリカ大陸の穀倉地帯に降る雨も減ってしまうのです。

同様のことはアフリカやアジアの熱帯雨林でも起きます。おおむね、熱帯雨林地帯の年間降雨量が3分の1減少すると、北南米、ヨーロッパ、ロシアの穀倉地帯の雨量が年間５００ミリ以上減少し、農業に深刻な打撃を与えると推算されています。

コメ消費量上位3国の共通点からわかる悲しき現実

日本人の１日当たりのコメ消費量は１４７グラム（おおむねお茶碗１杯くらい）で、今や世界の50位。アジア諸国はおろか、アフリカのギニア（２９３グラム）やシエラレオネ（２８３グラム）、中南米のパナマ（２３６グラム）やガイアナ（２０７グラム）よりも、はるかに少量のコメしか食べていないのです。もはや、「日本の主食はコメ」とは言えない状態といっていいでしょう。

一方、世界でコメをよく食べる国をあげてみると、コメ消費量（一人１日当たり）の上位５か国は、

1位　バングラデシュ　４８４グラム
2位　ラオス　４５０グラム
3位　カンボジア　４４０グラム

4位　ベトナム　　　　389グラム
5位　インドネシア　　361グラム

と、アジアの国々が並びます。とくに、ベスト3には、バングラデシュ、ラオス、カンボジアと、アジアのなかでも豊かではない国々が並んでいます。これらの国々の人が、コメをよく食べる背景には、飽食の日本では考えられない事情がひそんでいます。

これら3国は、経済的に貧しく、外貨が乏しいため、食糧をほとんど輸入できません。そこで、人々は、国内でとれるコメ食で、空腹をしのいでいるのです。この3国の消費量が一段と多いのは、他に食べるものがないという事情が反映された結果といえるのです。

なぜ、福建省はウーロン茶の大産地になったのか

中国の福建省と聞くと、日本人の多くが思い浮かべるのは、「ウーロン茶」でし

よう。日本の飲料メーカーのウーロン茶をみても、そのボトルや缶には、茶葉の産地として「福建省」と記されているものです。

ウーロン茶は、もとは福建省の特産品でした。中国で喫茶の習慣が広まったのは宋時代のことで、当時、福建省の武夷山《ぶいさん》が茶葉の産地として有名になりました。

武夷山周辺の年間平均気温が18℃前後で、1日のうちの寒暖差が大きいことが、茶葉の栽培に適していたのです。元代になると、武夷山に皇帝の御茶園がつくられ、福建省の茶は中国全土で有名になりました。

そして、明代末、新しいタイプの茶が考案されます。それが、ウーロン茶です。ちなみに、ウーロン茶も、緑茶と同じ茶葉からつくられます。製法の違いによって、紅茶を含めた種類に分かれ、簡単にいうと、早い段階で発酵を止めたのが緑茶、適度に発酵させたものがウーロン茶、完全に発酵させたものが紅茶と分かれます。

つまり、福建省の人たちが、発酵法を工夫して生み出したのが、ウーロン茶というわけです。今、福建省のウーロン茶のなかで、最も有名なブランドは「武夷岩《ぶいがん》茶《ちゃ》」。その最高級品とされる「大紅袍《だいこうほう》」は、わずかしか収穫できず、最高級品となっています。

インドでIT産業が発達した3つの理由

ここからは、農業以外の産業と地理の関係についてみていきましょう。まずは、近年、成長著しいインドのIT産業に関してです。

インドがIT産業で世界の最先端を行くことは、よく知られていますが、なぜインドではIT産業が成長したのでしょうか？

その第一の理由は、人件費が安いわりに、優秀な人材がそろっていたことです。インドでパソコン関係の産業が成長しはじめたのは、80年代から90年代にかけてのこと。アメリカやイギリスのソフトウエア会社などが、アウトソーシング先としてインドを選んだからでした。とくに、アメリカとは時差が12時間前後あり、アメリカの深夜にインドで作業ができることが有利に働きました。

そもそも、インドは、人口が14億4170万人（2024年）と、中国（14億2520万人・同年）を抜いて世界第1位になった国。貧困層も多い一方、高等教育を受けた富裕層、準富裕層も億人単位でいます。さらに、英語を準公用語としているため、準富裕層以上の子供は、小さい頃から英語を学び、欧米へ留学する人も少なくありません。それだけに、欧米と本国との橋渡しになれる人材が豊富にそろっているのです。

また、インド人は、世界で初めて「ゼロ」の概念を発見した伝統を受け継ぎ、理数系教育に力を入れています。たとえば、日本の小学生は、「9×9」までの「九九」を習いますが、インドでは「20×20」まで400通りの「九九」を覚えます。

さらに、インドの数学教育は、計算以上に論理力が身につく証明問題が重視され、理数系の大学へ進む割合が他国に比べて多いといわれます。そのため、コンピュータを使ったビジネスを得意とする優秀な人材が育っており、IT産業は、まさにインド人にピッタリのビジネスだったのです。

製薬産業が急成長したインド経済の強さの秘密

もうひとつ、インドの経済成長を牽引してきた産業を紹介しておきましょう。製薬産業です。インドの製薬産業は、いわゆる「ジェネリック医薬品」の輸出販売で成長してきました。

ジェネリック医薬品は、特許の切れた医薬品と同じ成分の薬を別の製薬会社が生産・販売したもの。新薬開発のコストがかからない分、安価で製造・販売できるというメリットがあります。

じつは、インドの特許法では、２００５年までは、製品そのものではなく、製造工程に対して特許権が与えられていました。そのため、他国では、特許で保護されている薬品でも、インドでは製造工程を変えるだけで、合法的にコピーすることが可能だったのです。つまり、インドの製薬会社が急成長できたのは、特殊な特許法を利用して、コピー薬を大量に生産し、海外に輸出して外貨を稼いできたからなのです。

同年、インドの特許法は世界基準に合わせて改正されましたが、インドの各製薬会社は、それ以前に稼いだ資金とコピー商品づくりでつちかった技術を生かして、合法的なジェネリック医薬品の製造にシフトしました。そして、世界的に医療費高騰をおさえるため、ジェネリック医薬品の使用量が増えるなか、インドはこの市場で大きなシェアを獲得することになったのです。

中東一のリゾートになったドバイの謎

ドバイは近年、大胆な都市建設が世界的な話題になっている街です。まず、その基本情報をおさえておくと、ドバイはアラブ首長国連邦を構成する首長国のひとつであり、その都市名。同連邦は英語ではUnited Arab Emiratesと表記され、その略称が日本ではサッカーなどでおなじみの「UAE」です。同連邦は、7つの首長国によって構成される連邦国家で、アブダビ、ドバイ、シャールジャ、アジュマーン、ウンム・アル＝カイワイン、フジャイラ、ラアス・アル＝ハイマの各首長国が、それぞれの首長に統治されています。

そのドバイの急成長の背景には、首長国同士のライバル意識がありました。以前は、UAEのなかでは、豊富な石油資源をもつアブダビ首長国が政治・経済の両面で他の首長国をリードしてきました。それに、ライバル意識を燃やしてきたのが、連邦で第2位の立場にあったドバイ首長国です。

ドバイ首長国の産油量は、アブダビ首長国の10分の1以下と遠くおよびません。

そこで、ドバイは、原油頼みの経済から脱却しようと、オイルマネーがあるうちに、シンガポールや香港のような、金融・物流・観光の拠点となるという国家戦略を立てたのです。

まずは、主要港のジュベルアリ港に自由貿易地区をつくり、外国企業への優遇制度を設けました。これで、世界的な大企業が進出してきました。そして、高級リゾートホテルや巨大ショッピングセンター、ゴルフ場などを建設。中東一の観光地となるべく、リゾート開発へ力を入れました。そうした試みが成功して、目下、ドバイはアラビアン・リゾートとして、一人勝ちの状態になっています。

アジア随一のハブ空港チャンギ国際空港のすごさの秘密

シンガポールのチャンギ国際空港は、アジア随一のハブ（中枢）空港。旅客が多いだけでなく、利用客の満足度調査でも、つねに世界トップクラスに位置しています。今や、世界一のハブ空港と評価する人もいます。

それは、かつて観光客が減少したさい、シンガポール政府が同空港をハブ空港として再生する戦略をとった成果といえます。

１９７０年代から80年代前半にかけて、シンガポールは〝買い物天国〟と呼ばれ、日本人をはじめとする観光客が高級ブランド品を求めて、同地を訪れていました。

ところが、80年代後半、他のアジア諸国でも、高級ブランド品を安く買えるようになると、シンガポールを訪れる観光客は減少しはじめます。それに危機感を抱いたシンガポール政府は、チャンギ国際空港を乗り継ぎが世界一便利な空港にしようという再生計画を立てます。１９９０年には、ターミナル２が完成し、同空港は「空港都市（エアトロポリス）」と呼ばれる近代的な大空港に生まれ変わりました。

たとえば、搭乗エリアには、高級ホテルのようなソファが並び、待ち時間をつぶすための映画館やプール、カラオケボックス、インターネット用スペース、フードコートなどを備えています。空港の隅々に至るまで、観客が快適に暮らせるように気配りされています。これによって、チャンギ国際空港は世界一魅力的な空港へと変身したのです。そうして、シンガポールは、世界中の人とモノが行き交う場所になり、現在、一人当たりのＧＤＰでは世界5位、日本の約２・５倍という、小さな経済大国に成長しました。

なぜドイツの〝空の玄関〟は首都ベルリンではなく、フランクフルト？

ドイツのフランクフルト空港といえば、ヨーロッパでは、ロンドンのヒースロー空港と一、二を争う大規模空港。日本からドイツへ行く場合には、いったんフランクフルト空港へ入るのが一般的です。

なぜ、ドイツの空の玄関は、首都のベルリンではなく、フランクフルトになったのでしょうか？　これには、戦後、ドイツが東西に分断された歴史が関係しています。

ご承知のように、ベルリンは第二次世界大戦後、東ベルリンと西ベルリンに分断されました。その時期、ベルリンにはシェーネフェルト空港があったのですが、そこは東ベルリンの領内。そのため、東ドイツに取り囲まれた西ベルリンは、陸の孤島になってしまいました。

そこで、わずか49日間という突貫工事で、西ベルリンにテーゲル空港が建設されます。ただ、それは陸の孤島化した西ベルリンに物資を緊急空輸するためのもので、大型旅客機の発着できる規模ではありませんでした。また、当時の西ドイツの首都ボンは、小さな都市であり、空港はありませんでした。

フランクフルト空港が、国際線の玄関として使用されるようになったのは、そうした事情があってのことでした。フランクフルトは、人口約70万人の中都市ながら、17世紀以降、富豪ロスチャイルド家などによって金融の中心地として繁栄し、現在も「マインハッタン」（マイン河畔のマンハッタン）の異名をもつヨーロッパの経済・金融の中心都市です。そういう経済的背景もあって、東西ドイツが統合された今でも、ドイツの空の玄関であり続けているのです。

タイのパタヤをアジアン・リゾートに発展させた戦争の話

パタヤは、タイを代表する海浜リゾート。首都のバンコクから東南へ約１５０キロ、15キロもつづくビーチに沿って、高級ホテルや高級コンドミニアムなどが連なり、夜になると、クラブやゴーゴーバーに多数の観光客が繰り出します。

パタヤは、タイだけでなく、アジアン・リゾートの草分けといえます。開発がすすんだのは、1960年代、ベトナム戦争の真っ最中のことでした。当時、タイの隣国のベトナムで、多数の米兵が戦っていました。そこで、アメリカ・タイ両政府の合意のもと、米兵の休暇地として、このリゾート地が開発されたのです。

米兵は休暇をもらうと、パタヤに飛んで、海と料理、そして酒と女性で英気を養うようになりました。パタヤには多額のドルが落ち、またたく間に大歓楽リゾートに成長しました。

1975年、ベトナム戦争が終結すると、パタヤは一時活気を失いますが、80年代になると、安いツアーが組まれ、欧米からの観光客が訪れるようになります。現在も、年間約500万人が訪れ、その約3分の2が海外からの客という人気リゾート地となっています。

なぜ、果実畑でIT産業が盛んになったのか

アメリカ西海岸のシリコンバレー（Silicon Valley）は、IT産業の拠点となっ

てきた街。ただし、「シリコンバレー」という名の街が存在するわけではなく、ディアブロ・レンジ山脈とサンタクルーズ・マウンテンズ山脈に挟まれたサンタクララ・バレー（Santa Clara Valley）という場所が、シリコンバレーと呼ばれています。

サンタクララ・バレーがそう呼ばれるようになったのは、１９６０年代以降のこと。それ以前は、果樹園の広がる農業地帯でしたが、１９６０年代、シリコンを主原料とするＩＣ（集積回路）や半導体を扱う企業がこの地で起業したり、移転してきたりしました。そこから、シリコンバレーと呼ばれるようになったのです。

農業地帯がＩＴ企業の集積地になったいちばんの理由は、近くにスタンフォード大学があることでした。同大学は、アメリカを代表する名門校のひとつであり、ＩＴ企業の創業者にも同大学の出身者が多数います。シリコンバレーの企業には、同大学で学んだ若者が、卒業後もこの地にとどまり、起業したというケースが多いのです。

地図を見ると、スタンフォード大学は、シリコンバレーのちょうど中心あたりに位置しています。

南米大陸でリチウムが大量にとれるようになった地理的背景

リチウムは、現代社会の必需品、リチウムイオン電池をつくるのに欠かせない元素です。そのリチウムは、ボリビアやチリなど、南米大陸に偏在し、全世界の8割のリチウムが南米に眠っているとみられます。なぜでしょうか？

その理由は、チリやボリビアには、「塩湖」が多いこと。塩湖の水「かん水」を天日干しすると、効率的にリチウムを集められるため、現在、リチウム資源の6割以上は、かん水から採取されています。そして、南米の国、ボリビアのウユニ塩地やポーポー湖、チリのアタカマ塩地などは、そのかん水を大量にたたえているのです。「塩湖」は、海水以外に由来する塩分を含む湖を指します。海とつながっていないのに、海水並み、あるいは海水以上の濃度の塩水をたたえている湖のことです。

塩湖自体は、中東の死海など、世界中にあるのですが、リチウムが多量に溶け込んでいるのは、南米の塩湖に限られます。

その理由は、現在、塩湖が点在するアンデス山系が、大昔、海底だったことにあります。アンデス山脈は、隆起する際、海水をたたえたまま、隆起しました。海水に溶け込んでいたリチウムが、そのままアンデス山脈の岩石に溶け込みました。そして、長い年月の間に岩石中のリチウムが少しずつ溶け、塩湖に集まったのです。

また、アンデス山脈からはたえず乾いた風が吹き下ろし、それが塩湖の水分を蒸発させて、リチウムの濃縮度を上げていきます。そうした条件が重なって、南米の塩湖地帯は、世界一のリチウム産地になったのです。

マラッカ海峡では、どうして海難事故が多いのか

マラッカ海峡は、アジアの海を代表するチョークポイント。中東から極東へ原油を運ぶタンカーは、この狭い海峡を通らないと、かなりの遠回りを余儀なくされます。その分、船賃がかさみ、それは原油価格にはねかえることになるのです。

ただ、同海峡は、中東から日本へ原油を運ぶタンカーにとって、最大の海の難所でもあります。同海峡は、マレーシアのマレー半島とインドネシア領のスマトラ島を隔てる幅の狭い海であり、衝突・座礁・沈没などの海難事故が例年、数十件も発

生する海域なのです。

じっさい、マラッカ海峡は全長が約900キロもあるのに、幅は狭く、しかも平均深度がわずか25メートルという浅い海。その分、岩礁や浅瀬が多く、タンカーなどの大型船舶が航行できる幅が、わずか600メートルしかない場所もあります。にもかかわらず、通過する船舶数はひじょうに多く、年間約9万隻もの船が通過します。

同海峡では、巨大タンカーや大型のLNG（液化天然ガス）積載船が、数分ごとに通過し、その間近を漁船や小型の貨物船が横切っていきます。ほんの少しの油断や誤算が、衝突や座礁を引き起こしてしまうのです。

さらに、近くのスマトラ島では焼畑農業が行われ、山火事が多いため、煙が視界をさえぎって事故が起きることもよくあり、船乗りにとっては現代の海の難所といえる場所なのです。

CHAPTER 3

貿易から領土問題まで、日本の現在を地理で読み解く

貿易から探る日本の地理と経済

この章では、日本にとって経済的に重要な国はどこなのかを「貿易」の観点から探っていきます。具体的にいえば、重要な物資、産品をどの国から輸入しているか、です。

なにしろ、この国は海外との貿易なしには、ほぼ存立不可能な国です。主要エネルギーと食料の大半を輸入に頼っているからです。

その対外依存度をみておくと、資源・エネルギーは、鉄鉱石（100％）、原油（99・7％）、石炭（99・6％）、液化天然ガス（97・8％）、食糧は、とうもろこし（100％）、大豆（94％）、小麦（84％）を海外に依存しています。

なお、この章では、以上の7種類を「重要7産品」として、詳しく述べていきます。また、以下、紹介する数字は、おおむね2021年のもので、各種貿易統計にもとづいています。

では、日本は世界のどの国から、どのような産品を買っているのか――まずは

[表1] 日本の輸入先トップ10（2021年・単位100億円）

輸入総額　8476（84兆7600億円）

1	中国	2038（24・0%）
2	アメリカ	890（10・5%）
3	オーストラリア	573（6・8%）
4	台湾	368（4・3%）
5	韓国	352（4・2%）
6	サウジアラビア	302（3・6%）
7	アラブ首長国連邦	298（3・5%）
8	タイ	289（3・4%）
9	ドイツ	260（3・1%）
10	ベトナム	252（3・0%）
参考	アジア 中東 EU	4108（48・5%） 847（10・0%） 942（11・1%）

「輸入」についてみていきましょう。

［表1］のように、日本の輸入相手国のワンツーは、ご想像どおり、中国とアメリカです。ただし、両者の間には大きな開きがあり、中国からはアメリカの2・3倍もの金額の産品を輸入しています。

そして、3位はオーストラリアです。日豪関係は日頃、あまり注目されず、大きなニュースになることもほぼありませんが、日本にとってオーストラリアは、経済関係ではひじょうに重要なパートナーです。

その金額だけでなく、輸入している品目が、日本経済ひいては日本という国の存立に関わる物資が多いからです。たとえば、日本は、鉄鉱石の約6割、石炭の約半分をオーストラリアから輸入しています。日本のエネルギー・資源輸入に関しては、「中東」の重要性がよく語られますが、それに劣らずオーストラリアも重要な国なのです。

日豪関係は、太平洋戦争時の捕虜収容問題などで、ときおりぎくしゃくすることはありますが、基本的には民主主義・自由主義という価値観を共有する国であり、外交関係は安定しています。

とりわけ、近年は、アメリカが中国への警戒を強めている影響で、オーストラリアの中国離れが進んでいます。その分、オーストラリアと日本の関係がより密接になるというベクトルが働いています。

なお、オーストラリアといえば、羊の国というイメージがありますが、じつは日本は羊毛の47・9%は中国から輸入しています。

そして、ニュージーランドから19・8%を輸入し、オーストラリアからは10・5%しか買っていません。日本にとっては、オーストラリアは羊の国ではなく、鉄と石炭の国なのです。

輸入相手国ランキングの3位以下からわかること

中国、アメリカ、オーストラリアに次いで、輸入相手のランキング4位に位置するのは、台湾です。

台湾は現在、「産業のコメ」と呼ばれる半導体で、世界のイニシアティブを握っている国。最先端半導体の開発・製造技術をもち、残念ながら、この分野の技術力で大きく遅れをとった日本にとっては、頼みの綱といってもいい地域です。近年は、台湾の半導体工場が熊本県に進出し、それをきっかけにして日本の半導体産業全体が活気づき、2024年初からの株高の要因にもなりました。

その台湾は中国と不断の緊張関係にあり、いわばその反作用で、日台関係は、対近隣アジアの国々のなかでは、最も親密です。今後も良好な関係を築くことが、双方にとって地政学的・地経学的両面から重要です。

輸入先の5位には、韓国が入ります。かつて、韓国にとって、日本は輸出入ともにひじょうに重要な国でしたが、中国の経済発展の影響で、韓国経済にとっての日本の比重は下がり続けています。日本企業にとっても、韓国はさまざまな意味で難しい国で、たとえば日本の飲食チェーンが韓国に進出しても、大半は失敗し、撤退しています。日韓の貿易をはじめとする経済関係の伸び悩みを「（経済的な）熟年離婚」と評する人もいるくらいです。

6位のサウジアラビア、7位のアラブ首長国連邦からは、むろん原油を輸入しています。この両国との関係に関しては、別項で詳しくお話ししましょう。

以下、8位タイ、10位のベトナムは、日本にとって、ＡＳＥＡＮの両雄といってもいい国です。

そして、9位はドイツ。ＥＵ諸国から唯一ベスト10に入っています。イギリス、フランス、イタリアは先進国首脳サミットのメンバーであり、また英仏は国連常任理事国であるなど、ヨーロッパには日本にとって外交的に重要な国がそろっています。しかし、経済面では、主たる貿易国とするには、やはり距離的に遠すぎるのです。とりわけ、日本とヨーロッパ間は距離が長いうえ、モノを船で運ぶ際には、スエズ運河や海賊の多いアラビア半島周辺の海を航行する必要があります。その分、輸送コストがかさむのです。

日本が原油の4分の3を買っているのは、あの「2国」

[表2] 輸入上位10品目（2021年）
総額　84兆7607億円

1	原油	8・2%
2	LNG　液化天然ガス	5・0%
3	医薬品	4・9%
4	半導体等電子部品	4・0%
5	通信機	3・9%
6	非鉄金属	3・3%
7	衣類	3・3%
8	石炭	3・3%
9	電算機類	2・8%
10	石油製品	2・5%

では、日本は、以上のような国から、どのような産品を輸入しているのでしょうか？　具体的には、日本の存立に欠かせない前述の「重要7産品」をどの国から買っているかです。

まずは、「原油」についてみていきましょう。［表2］に示すように、「原油」は全輸入品目のなかでもトップで、輸入総額の8・2％を占めています。

そして、約7兆円を原油の輸入に費やしているのですが、［表3］に示すように、その約4分の3は、サウジアラビアとアラ

[表3] 原油の輸入先

総額　6兆9288億円

1	サウジアラビア	40・0%
2	アラブ首長国連邦	34・8%
3	クウェート	8・5%
4	カタール	7・4%
5	ロシア	3・7%
6	エクアドル	1・8%
7	バーレーン	0・7%
	その他	3・3%

ブ首長国連邦の2か国から購入しています。そして、クウェートとカタールで約16％。要するに、この中東4か国から90％を買っているのです。

この項では、他の3国に比べると知名度の低いカタールについて、紹介しておきましょう。「カタール」という国名はあまり知られていなくても、日本人にはその首都名をご存じの方が多いはずです。サッカーのいわゆる「ドーハの悲劇」は、この国の首都ドーハで起きました。

カタールは面積1・1万平方キロ（秋田県と同じくらい）の小国ですが、国中、油田地帯といってもいいくらい、石油で潤い、国民一人当たりGDPは世界9位、日本の2倍以上という世界でもトップクラスの高所得国で、教育や医療は無料です。

なお、中東地域では、イランやイラクも産油国なのですが、両国では長く戦争が続き、また経済制裁の関係もあって、今は原油に関しては関係が希薄になっています。

液化天然ガスは、中東から買っているわけではない

［表4］液化天然ガス

総額　4兆2779億円

1	オーストラリア	36・0%
2	マレーシア	12・5%
3	アメリカ	11・0%
4	カタール	11・0%
5	ロシア	8・7%
6	ブルネイ	5・5%
7	パプア・ニューギニア	5・2%
8	インドネシア	2・5%
9	オマーン	2・4%
10	アラブ	1・8%
	その他	3・4%

次に、品目別輸入額の2位、全体の5％を占めている「液化天然ガス」の輸入先をみていきましょう［表4］。

これは、原油とは顔ぶれがガラリと変わります。1位は中東諸国ではなく、オーストラリアなのです。この点でも、日本経済にとって、オーストラリアがいかに重要な国か、おわかりかと思います。

次いで、2位はマレーシア、3位はアメリカで、6位にブルネイが顔を出します。

ブルネイは東南アジアのボルネオ島北部に位置する人口約45万人の小さな王国。日本は、天然ガスを通じて、この国と密接な関係を築いてきました。まず、1963年、石油化学企業グループであるシェルがブルネイ沖にガス田を発見すると、1969年、シェル、三菱商事、ブルネイ政府が共同出資して、「ブルネイLNG」を設立します。以後、天然ガスの液化プラントなどを建設し、日本は1972年から輸入を開始。それ以来、日本は、半世紀以上にわたって、ブルネイからLNGを安定的に調達してきたのです。

日本は、世界のどこから鉄鉱石と石炭を買っているのか

わが国の鉄鉱石輸入先のランキングは、次の通りです。

1　オーストラリア　59・1%
2　ブラジル　25・8%
3　カナダ　6・2%

4　南アフリカ　3・1％
　その他　5・8％

前に述べたように、日本は、オーストラリアから、大量の鉄鉱石を輸入していま す。オーストラリアの鉄鉱石産出量は、中国、ブラジルに次ぐ世界第3位なのですが、中国は国内需要が旺盛過ぎて輸出に回す余裕がなく、ブラジルは距離的に日本から遠い土地。そこで、比較的距離が近いオーストラリアから、日本は大量輸入しているというわけです。

オーストラリアは世界の鉄鉱石の約2割を産出しているのですが、なぜオーストラリア大陸には豊富な鉄鉱石の鉱脈が眠っているのでしょうか。

鉄鉱石の大半は、地球上の「安定陸塊」に眠っています。安定陸塊は、地球の最も古い時代である先カンブリア時代に造山活動があった後は、激しい地殻変動がなく、安定している地域のことです。

地球の歴史を振り返ると、地球創世時、鉄分の大半は、鉄イオンとして大量に海水に溶け込んでいました。やがて、海水中の酸素濃度が高まると、酸素が鉄イオンと結びついて、大量の酸化鉄を生み出しました。それが、海底に沈殿したのが、安定陸塊に分布する「縞状鉄鉱層」です。オーストラリアの大地には、その後の造山運動によって、海底の鉱床が隆起し、地上に押し上げられ縞状鉄鉱層が大量にあるというわけです。

また、オーストラリアは、「石炭」でも、世界市場のシェア26％を占める輸出国です。オーストラリアには、東部のモウラ炭田など、世界的に有名な炭田があるのです。そして、その輸出先は、中国、韓国、日本の北東アジアの3か国です。

ここで、面白いのは、鉄鉱石も石炭も大量産出するオーストラリアで、製鉄業が発達しなかったことです。その理由は、炭田と鉄鉱石の採掘場所が何千キロも離れていることにあります。オーストラリアの炭田は東部に集中し、鉄鉱山は西部に集まり、その距離は数千キロも離れ、しかもその間には人跡まれな大地が広がっています。そのため、コストをかけて陸上交通網を整備し、国内で石炭と鉄鉱石を結合するよりも、大型タンカーで海外に輸出したほうが、手っとり早く利益が上がるのです。そのため、オーストラリアには大製鉄企業が生まれなかったのです。

一方、石炭は、日本はオーストラリアをはじめ、次のような国から買っています。

1	オーストラリア	48・0％
2	インドネシア	20・6％
3	カナダ	10・6％
4	米国	10・4％
5	ロシア	6・5％
	その他	2・9％

意外かもしれませんが、2位のインドネシアは、世界最大の石炭輸出国。日本にとっては、他の輸出国よりも距離的に近く、船賃をおさえられるので、大量に輸入しているのです。

食糧安全保障と日米安全保障は、ほぼ同義である

日本は、食糧に関しては、アメリカに依存しきっています。小麦、とうもろこ

［表5］

小麦の輸入先　総額 1958億円

1	アメリカ	45・1%
2	カナダ	35・5%
3	オーストラリア	19・2%
	その他	0・2%

大豆の輸入先　総額 2277億円

1	アメリカ	74・8%
2	ブラジル	14・1%
3	カナダ	9・9%
4	中国	1・1%
	その他	0・1%

とうもろこしの輸入先　総額 5201億円

1	アメリカ	72・7%
2	ブラジル	14・2%
	その他	13・1%

し、大豆の主要3品で、圧倒的な量をアメリカから輸入しているのです。［表5］のように、大豆ととうもろこしはほぼ4分の3、小麦は半分弱をアメリカから輸入しています。

「日本の食糧自給率は低すぎる」とよくいわれますが、その状態に、アメリカ以外の国はあまり関係がありません。

要するに、日本の食糧自給率が低いのは、「アメリカから大量の食糧を買っているから」。「食糧安全保障」という言葉もよく使われますが、それは事実上、「日米安全保障」とほぼ同義といっていいのです。

なお、以上の3品のなかで、とうもろこしの輸入金額が大きく、小麦と大豆を足した金額よりもまだ大きいことにご留意ください。輸入とうもろこしの多くは、家畜飼料用に使われていますから、日本は国内で家畜を育てるため、これだけの外貨を費やしているわけです。

日本製品を買ってくれる国、あまり買ってくれない国

では、次に「輸出」について、みていきましょう［表6］。日本からの輸出先でも、中国が1位で、アメリカが2位と、両超大国が2トップを占めています。両者の差は、輸入よりは小さく、アメリカはなんだかんだ言いながらも、まだまだ日本製品を買ってくれています。

そして、意外なのは、3位に台湾、5位に香港という、2つの「地域」がランクインしていることではないでしょうか。台湾が日本から輸入しているのは、圧倒的

[表6] 日本の輸出先トップ10 (2021年・単位100億円)

輸出総額　8309(83兆900億円)

1	中国	1798 (21・6%)
2	アメリカ	1483 (17・8%)
3	台湾	599 (7・2%)
4	韓国	577 (6・9%)
5	香港	389 (4・7%)
6	タイ	362 (4・4%)
7	ドイツ	228 (2・7%)
8	シンガポール	220 (2・6%)
9	ベトナム	210 (2・5%)
10	マレーシア	171 (2・1%)
参考	アジア 中東 EU	4816 (58・0%) 205 (2・5%) 767 (9・2%)

に機械類で、57・9%を占めています。台湾は日本の工作機械を使って、半導体を含め、さまざまなものをつくり、輸出している国なのです。

一方、香港は食糧自給率がほぼ0パーセントの地域であり、日本にとっても農林水産物の最大級の輸出先です。2023年には、約2370億円分を輸出しています。

そして、4位の韓国のほか、6位タイ、8位シンガポール、9位ベトナム、10位マレーシアとASEAN諸国が続きます。

ヨーロッパ（EU圏）の国は、輸

入先と同様、7位のドイツ以外はベスト10に顔を出しません。ＥＵ諸国は、輸出面でも、日本にとってさほど大きな貿易相手ではないのです。だから、世界に冠たる日本車も、ヨーロッパでは、アメリカほど見かけません。

ここで、日本の自動車の輸出先ランキングを紹介しておくと、アメリカがトップで33・4％、2位がオーストラリア（9・2％）、3位中国（8・8％）と続きます。ヨーロッパの国は、9位にイギリス（2・0％）がようやく顔を出しますが、それはアラブ首長国連邦（2・9％）やサウジアラビア（2・8％）よりも低い数字です。

今、最もホットな領土問題、「尖閣諸島」をめぐる基礎知識

では、「貿易」に続いて、日本の「国境」問題について、みていきましょう。まずは、今、最もホットな尖閣諸島の領有権をめぐる問題です。

尖閣諸島は、沖縄・石垣島の北北西約170キロに浮かぶ島々。ひとつの島ではなく、魚釣島、久場島《くばしま》、大正島《たいしょうとう》、北小島、南小島の5島と、沖の北岩、沖の南岩、

飛瀬《とびせ》の3岩礁などから構成されています。

最大の魚釣島は東西3・5キロ、南北1・3キロの大きさで、面積は3・82平方キロ。そこに、標高362メートルの奈良原岳《ならはらだけ》と320メートルの屏風岳がそびえています。

次に大きな久場島は、魚釣島の東北22キロに位置し、面積は1・55平方キロ。大正島は、魚釣島から東へ110キロ離れたところにあり、面積は0・06平方キロ。北小島は、面積は0・31平方キロで、同規模の南小島と対のような位置関係にあります。

現在、尖閣諸島は海上保安庁が警備し、日本が実効支配しています。日本政府は「尖閣諸島は、歴史的にも国際法上も日本の領土であることが明らかで、領有権問題は存在しない」と主張し、以下のようなことをその論拠としています。

まず、最大の論拠としているのは、尖閣諸島を開拓したのが、福岡県出身の古賀辰四郎という日本人だったという事実です。

古賀は明治初期、沖縄本島の那覇に古賀商会を設立した実業家でした。1884年、台湾へ向かう途中、船上から尖閣諸島を目にして興味を抱き、探検隊を派遣し

■尖閣諸島

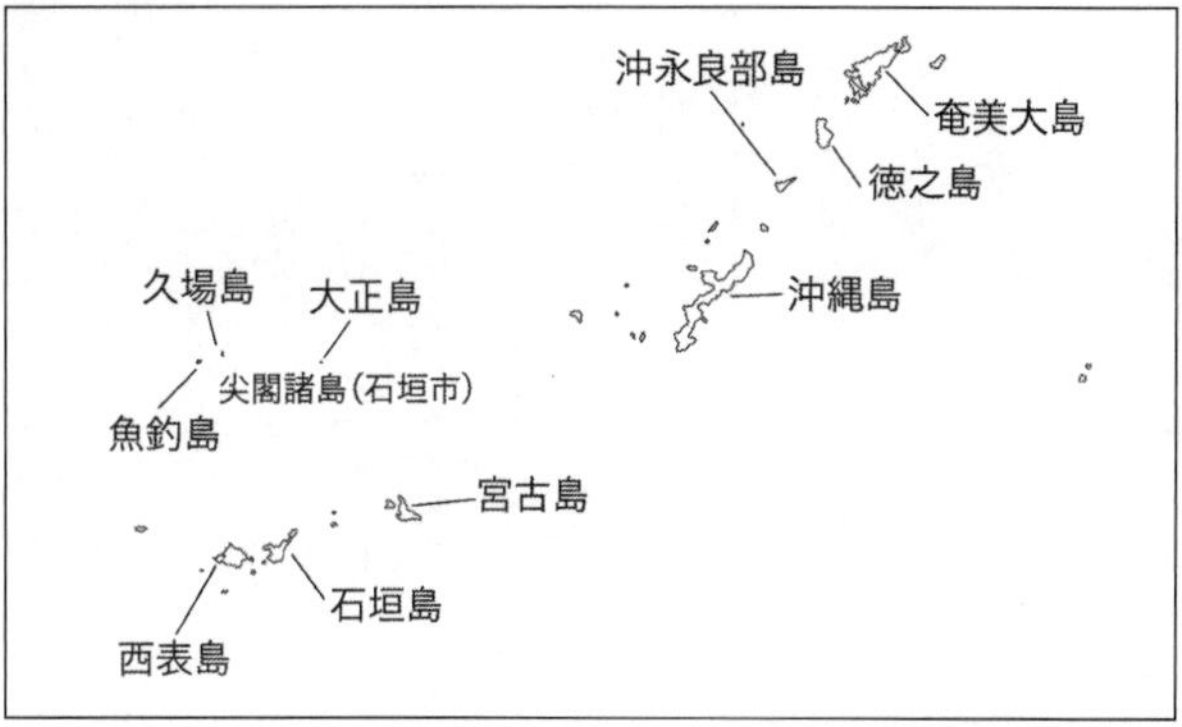

ます。そして、無人島であり、どの国の支配もおよんでいないことを確認し、明治政府に開発許可を申請します。同年、明治政府は尖閣諸島の国土への編入を決め、翌1896年（明治29）、古賀に30年間無償貸与することを許可します。

なお、「尖閣諸島」という名は、古賀の依頼で当地を調査した高知県の教師・黒岩恒が命名した名前。尖っている島の形と、英国海軍の「水路誌」に書かれていた「The Pinnacle Islands」に由来します。Pinnacle（ピナクル）とは先のとがった尖塔のことです。

古賀は1897年、魚釣島や久場島に船着き場、住宅、作業場を建て、労働者を派遣。

アホウドリを年間10万羽以上も捕獲して、その羽毛を採取、羽毛布団用に輸出します。さらに、鰹節工場も建設し、最盛期には約280名の労働者が働き、暮らしていました。

太平洋戦争がはじまると、同諸島の事業はストップし、無人島に戻りますが、島自体は古賀の長男に払い下げられ、その妻の所有となった後、1970年代、埼玉県内で不動産業などを営む知人に売却されました。そして、日本政府は地権者と賃借契約を結んでいたのですが、2011年、魚釣島などを買い上げ、国有化しました。以上のように、尖閣諸島は、日本人が開発し、明治政府が領土に組みこんで以来、一貫して日本の領土というのが日本政府の主張です。

一方、中国は、どんな論拠で、尖閣諸島を自国の領土と主張しているのでしょうか？ 中国は、1950年代まで、尖閣諸島を「日本の領土である琉球群島の一部」と認識していたようですが、1968年、海底資源が存在する可能性があることがわかると、1971年頃から、「尖閣諸島は台湾の一部であり、その帰属は中国にある」と主張しはじめます。中国は台湾を自国の領土としているので、台湾の一部である尖閣諸島は中国に帰属するという理屈です。そして、その論拠として、以下の3点をあげています。

第一は、中国の中世の史料に、尖閣諸島のもとの名が記されているという点です。それを根拠として、中国人が最も早く発見し、命名したと主張しています。

第二には、日本は、太平洋戦争の敗戦後、台湾とともに尖閣諸島の領有権も放棄したと主張しています。

第三には、同諸島は、中国大陸から延びる大陸棚の上にあるという主張です。中国は、日中の領海の境界は沖縄トラフ（海の溝）であり、尖閣諸島は中国の領土になるというのです。

日韓が領有権を争う「竹島」に関する基礎知識

竹島は、日本海の隠岐諸島から北西へ157キロの地点に浮かんでいる小島。「女島」「男島」と呼ばれる2つの小島と、その周辺にある37の岩礁からなる総面積約0・23平方キロの島々です。

島の周囲は断崖絶壁で、人が普通に住めるような場所ではありませんが、日本と韓国は、長くこの小島の領有権を主張し合ってきました。韓国は1952年頃から竹島の領有権を主張し、翌年には警備隊を配置、灯台や無線交信所を設置し、実効支配をはじめます。これに対して、日本は、韓国による不法占拠と訴えつづけていますが、韓国は「領土問題は存在しない」という態度を貫いています。

この島の歴史を振り返ると、近代では、まず1905年、日本の明治政府が竹島を島根県に編入することを閣議決定します。その後、太平洋戦争敗戦後の1946年、GHQの指令で竹島はいったん日本の行政管轄外とされますが、1951年のサンフランシスコ講和条約で再び日本の領土とされ、島根県の一部に戻りました。

ところが、その翌年の1952年（昭和27）、韓国の李承晩大統領が「李承晩ライン」と呼ばれる海洋主権宣言を発し、一方的に国境線を設定して、竹島を韓国領内に取り込んだのです。

以後、韓国の漁船が竹島の周囲で漁を行うようになり、日本の海上保安庁の巡視船が取り締まろうとすると、韓国の沿岸警備隊から銃撃を受けるようになりました。そして、韓国は1953年（昭和28）から警備隊を配備して実効支配をはじめました。1965年（昭和40）、日韓の国交正常化に伴い、「李承晩ライン」は廃止されますが、竹島の領有問題は決着がつきませんでした。

竹島問題が大きくクローズアップされたのは、1996年（平成8）、日本が国際海洋法条約を批准した後のことです。日本が排他的経済水域を設定する基準点として竹島をあげると、韓国も「独島《ドクト》」（竹島の韓国側の呼び名）を基準とすると主張します。結局、このときも、竹島領有問題を棚上げして、新たな漁業協定が結ばれたので、竹島の領有権に関する根本的な解決には至りませんでした。

なお、竹島の周辺海域では、南からの対馬暖流と、北からのリマン海流がぶつかり、タコやイカ、ズワイガニなどの好漁場となっています。この小さな島が、長く国際問題になっているのは、この漁業問題がからんでいるせいでもあります。

北方領土問題は、今どうなっているのか

「北方領土」は、北海道北東にある歯舞群島、色丹島、国後島、択捉島の総称。4島の面積は計5036平方キロで、千葉県とほぼ同じ広さです。

1945年（昭和20）の太平洋戦争終結時には、この4島に約1万7200人の

日本人が住んでいました。日本が降伏文書に調印する前の8月28日、ソ連軍が侵攻して武装占拠。島民（日本人）は1948年（昭和23）頃までに、追い出されました。

その後、現在に至るまで、ソ連・ロシアが実効支配しており、択捉島、国後島、色丹島に約1万6500人のロシア人が暮らしています。

この北方領土の歴史を振り返ると、まず日本が国土に取り込んだといえるのは、江戸時代初期の1644年頃のこと。幕府が各藩に領地の地図の提出を求めたさい、北海道の松前藩が献上した地図に千島列島が記載され、国後島は「クナシリ」、択捉島は「エトホロ」と書きこまれているのです。

一方、ロシアが千島列島に姿を現したのは、1700年代に入ってからのこと。以後、ロシア人はしばしば千島列島を訪れ、江戸幕府は幕末の1855年、ロシアと日露和親条約を結び、互いの国境線を択捉島と得撫島《うるっぷとう》の間と取り決めました。明治維新後の1875年には、日本はロシアと「樺太・千島交換条約」を結び、得撫島以北の占守島《しゅむしゅとう》までを領有します。

そして、日露戦争で樺太の南半分を獲得しますが、第二次世界大戦末のヤルタ会談で、ソ連の対日参戦と引き換えに、南樺太をソ連に返還し、千島列島をソ連に引き渡すことが、日本のあずかり知らぬところで決められます。

日本は1945年8月15日に無条件降伏し、9月2日に降伏文書に調印しました。ですが、8月8日に日ソ中立条約を破棄して対日参戦していたソ連は、前述したように8月28日、択捉島へ侵攻し、以後、北方4島を次々と制圧しました。

その後、日本は北方4島の返還を求め続け、その論拠として、江戸時代から太平洋戦争の終結直前まで、この地域を領有し続けてきたという歴史的事実を挙げています。

それに対し、ロシアはヤルタ会談での決定事項を挙げています。また、ロシアは、第二次世界大戦が終結したのは、降伏文書が調印された9月2日とし、8月28日の択捉侵攻はその前のことであり、不法占拠には当たらないと主張しています。

そして、日本が返還を求めても解決には至らず、ロシアの実効支配が続いているわけですが、過去の交渉のなかで返還のチャンスがまったくなかったわけではありません。

まず、1956年の日ソ共同宣言後、2島のみながら、返還の大きなチャンスがありました。同宣言では、将来、平和条約が締結された後には、歯舞、色丹の2島が返還されることになっていたからです。日本は2島のみでは不満でしたが、それでもソ連にとっては大きな譲歩でした。

しかし、その後、日本がアメリカとの間で、安保条約を改定すると、2島返還は事実上ご破算になりました。ソ連は、北方2島にアメリカが軍事基地を設けることを危惧し、「領土問題は存在しない」と通告してきたのです。

そして、2度目のチャンスは、1973年に訪れました。当時、中国がアメリカ、日本と国交を回復し、ソ連は中国と対立していたため、日本との協調路線を模索しはじめたのです。そして、田中角栄首相がブレジネフ第一書記と会談、4島一括返還を条件に経済協力を申し出ます。ソ連は歯舞、色丹の2島返還を持ち出しますが、田中首相が4島一括返還にこだわったため、交渉はまとまりませんでした。

3度目のチャンスは、1991年のソ連崩壊後に訪れました。ロシアは日本の経済力を頼るため、エリツィン大統領が両国間に北方領土の問題が存在することを認めたのです。そして、橋本龍太郎首相がエリツィンと親交を結び、返還に向けて動き出しそうな雰囲気が生まれました。しかし、橋本首相、エリツィン大統領が共に辞任すると、領土問題はまたもや棚上げ状態となりました。

CHAPTER 4

モノづくりをめぐる
日本列島の「経済地図」

富山県が日本海側最大の工業県になった理由

経済が地形や気象条件、資源の有無などの地理的条件と密接に関係することは言うまでもありませんが、とりわけモノづくり・製造業の立地には、地理的な条件が重要な意味を持ってきます。この章では、日本各地の製造業に関して、「なぜ、その地域で、そのモノづくりが盛んになったのか?」を中心テーマにお話ししていきます。

まず、例にあげたいのは、日本海側きっての工業県の富山県です。この県では、富山市から高岡市にかけて、大工場が建ち並んでいます。なかでも、アルミニウム産業の工場が多く、アルミサッシ全国生産の3分の1近くを生産し、長らく国内シェア第1位の座を保ってきました。

富山県が全国でも屈指の工業県となったのは、立山連峰の豊富な水資源と、それによる水力発電を利用できるおかげです。とりわけ、アルミニウムの精錬には、大量の電力を必要としますが、その点、黒部ダムなど、大型水力発電ダムのある富山では、北陸電力が電力を比較的安価に供給してきたのです。そこで、富山県内には、アルミニウム関連企業が集積することになったのです。

また、日本国内では、アルミニウムの原料となるボーキサイトを産出しないので、海外からアルミニウム地金などを輸入する必要があります。その点でも、富山県では、早くから伏木港（高岡市）や新富山港（新湊市）を整備し、大型貨物船が入港できました。そのことも、富山に大規模工場が進出する契機になったのです。

そうして、富山県には、アルミニウム産業のほかにも、電気製造関連、石油精製、重化学工業などが集積することになったのです。

静岡県がプラモデル生産高日本一になるまでの経緯

静岡県には、タミヤ、アオシマ、ハセガワといった日本を代表するプラモデル・メーカーが本拠を構えています。むろん、プラモデルの生産高は県別で日本一で、全国シェアの90％を占めています。

静岡県がそれほどのプラモデル王国となる遠因をつくったのは、徳川家康だったといえます。家康は将軍引退後、現在の静岡市に駿府城を築きました。また、幕府は家康の死後、同市内の久能山に東照宮、駿府に浅間神社を造営しました。

それらの造営のさい、駿府には全国から腕利きの大工や職人が呼び集められました。そうした仕事が長期間におよんだため、職人の多くが駿府に移住します。そして、造営終了後も、彼ら、その子供、弟子らが住み着き、その技術を生かして、家具や仏壇、雛人形、蒔絵、漆工芸、竹細工などをはじめたのです。

そうした手細工の伝統は、江戸時代を通じて受け継がれ、明治以降もおもに木工業が地場産業として栄えていました。そして1932年（昭和7）、アオシマの創業者の青島次郎が、木工の技術を生かして、木製模型飛行機を製造・販売しはじめます。これが大ヒットして、県内にいくつもの木製模型メーカーが誕生しました。

原料不足に悩まされた戦中も、静岡県は、政府から「重要木工県」の指定を受けていたので、学校教材用などの木製模型を生産し続け、その技術力は戦後にも受け継がれました。

ところが、1950年（昭和25）ごろから、欧米産のプラモデルが輸入されるようになると、木製模型の人気は急降下します。危機感をおぼえた静岡県の各木製模型メーカーは、プラモデルの生産に転じます。それが、最初のプラモデルブームを呼んで、以後、静岡県はプラモデル王国として君臨することになったのです。

なぜ大阪は紡績の中心地になったのか

大阪市大正区には「近代紡績工業発祥の地」という石碑が建っています。そこは、1882年（明治15）に日本初の本格的な紡績会社として創立された「大阪紡績（現在の東洋紡績）」の工場跡地内。今や1万円札の顔となった日本資本主義の父・渋沢栄一の主導で設立された工場です。

大阪紡績の工場は、それ以前の最大の工場よりも、約5倍も広いという、当時としては常識はずれの大規模工場でした。日本の工場としては初めて電灯をつけ、24時間操業が行われました。

以後、大阪には、鐘ヶ淵、平野、摂津などに大規模な紡績工場が次々と設立され、イギリスの産業革命の中心地になぞらえられて、「東洋のマンチェスター」とも呼ばれるようになりました。

このように、大阪に紡績工場が集積した背景には、大阪の周辺地域で古くから綿花栽培が盛んだったことがあります。大阪周辺では、古くから綿づくりが行われ、良質なことでも知られていました。大阪は綿の原産地に囲まれ、良質の綿を安定的に入手できる土地だったのです。

明治政府も、大阪への紡績工場の集積をバックアップしたのですが、それは大阪経済の立て直しを図るためでした。江戸時代の大坂（江戸時代までは「大坂」、明治以降は「大阪」と表記します）は「天下の台所」として栄えていましたが、明治維新以降、東京に新政府ができると、経済の中心も東京に移り、大阪経済は大打撃を受けていました。

そこで、明治政府は大阪経済のリニューアルを図り、造幣局や砲兵工廠《こうしょう》などを建てるとともに、紡績工場を大阪に集めたのです。

その後、第一次世界大戦で、ヨーロッパの紡績産業が大打撃を受けると、大阪の紡績会社は世界へ進出。日本は一躍、世界一の紡績国となりました。今も、大阪に紡績工場が多いのは、そうした背景があるのです。

浜松生まれの企業の多くが〝国際派〟になった理由

浜松市は、静岡県西部に位置する人口約79万人の政令指定都市。養殖うなぎの産地として有名ですが、その一方、ヤマハやスズキ、本田技研といった世界的企業の発祥の地としてもよく知られています。

その先陣を切ったのはヤマハです。１８８８年（明治21）、山葉寅楠《とらくす》が浜松で日本初のオルガン製造に成功、翌年に山葉風琴製造所を設立したのが、そのはじまりでした。

その後、日本楽器と社名を改め、１９０６年（明治39）には、後に河合楽器を創業する技師・河合小市《こいち》が初の国産ピアノを完成させます。

戦時中に航空機のプロペラ製造を行ったことをきっかけとして、戦後はエンジン製造に乗り出し、世界的なバイクメーカー「ヤマハ発動機」に成長しました。

続いて、スズキは１９０９年（明治42）、創業者の鈴木道夫が鈴木式織機製作所として浜松で創業。戦後、自動車やバイクの製造に本格的に取り組み、１９５４年

（昭和29）、鈴木自動車工業と改め、世界的なメーカーへと発展してきました。

本田技研は1946年（昭和21）、創業者の本田宗一郎が浜松市内に本田技術研究所を開設、内燃機関や工作機械の研究・製造をはじめました。翌年には、自転車用の補助動力エンジンを開発して、さらに翌年、本田技研工業を設立。藤沢武夫を迎え、本田と藤沢のコンビで世界有数の自動車、バイクメーカーに発展させました。

これら、浜松を発祥の地とする企業が、世界的メーカーへと成長した背景には、この地方特有の「やらまいか精神」があるといわれます。「やらまいか」とは、遠州弁で「やってみようじゃないか」という意味。思いついたことは、チャレンジ精神を発揮してやってみる――そうした精神的風土が新技術を生み出し、世界的な企業へ発展することにつながったというのです。

諏訪地方がメカトロニクス地帯になった背景は？

長野県の諏訪湖周辺には、セイコーエプソンなど、精密機械企業の本社や工場が数多くあります。戦後は、時計産業の中心地となり、「東洋のスイス」とも呼ばれましたが、今もその精密技術の伝統が受け継がれているのです。

諏訪地方で精密機械産業が発達した理由として、かつては「空気が乾燥している」ことがよく挙げられました。しかし、それは間違いです。諏訪地方は、むしろ湿度が高く、精密機械産業に向いているとはいえない気候なのです。そのハンディキャップを技術力によって克服してきたというのが実相です。

諏訪が精密機械産業の集積地になるきっかけをつくったのは、山崎久夫という人物。彼が東京銀座の服部時計店で修業をはじめたことが始まりとなりました。

服部時計店は1881年（明治14）創業の輸入時計販売店で、11年後に「精工舎」を設けて、掛け時計をつくりはじめます。その後、懐中時計、腕時計などを生産し、1937年（昭和12）、生産の増大にともなって「第二精工舎」を設立しました。

そのころ、かつて服部時計店で修業し、諏訪で時計店を開いていた山崎久夫が、腕時計組み立ての協力工場にしてほしいと願い出ます。山崎は1940年（昭和15）、第二精工舎の下請けになり、諏訪の店舗の2階を改造して、腕時計の組み立てをはじめました。

当時の諏訪では、製糸業が衰退気味で、「何か新しい工場を誘致したい」という気運が高まっていました。山崎はそうした声に応えて、時計店の近くにあった味噌蔵を改造して、時計部品製造工場としました。すると、戦時中、東京の工場やその従業員が次々と疎開してきて、一躍、時計の生産地となったのです。

なぜ製鉄会社は〝企業城下町〟をつくるのか

特定の大企業を中心に発達した町を「企業城下町」と呼びます。大企業の工場ができると、従業員の社宅が建ち並びます。また、関連会社とその従業員も集まってきて、やがて町全体が、ひとつの企業を中心とする企業城下町となっていくのです。

とりわけ、大企業のなかでも、製鉄会社は企業城下町を多数つくってきました。福岡県の北九州市や北海道の室蘭市、京葉工業地域の市原市、君津市などです。

そもそも、製鉄業は、溶鉱炉を中心とした巨大な工場設備と多数の労働力を必要とします。それに、鉄鋼は産業の中心となる素材だけに、その周辺には関連産業が集まり、金属、機械、化学などの工場が建ち並びます。

そのあたりの事情は海外でも同様で、米国のピッツバーグ、クリーブランド、英国のバーミンガム、ニューカッスル、中国の遼寧省なども、典型的な製鉄城下町を形成してきました。

そうした企業城下町は、よくも悪くも、その基幹企業と運命をともにすることになります。その産業にかげりが見えたり、大工場が撤退すると、町も衰退することになるのです。現在、室蘭や釜石などの製鉄城下町は、製鉄所の縮小という現実に直面して、新たな道を模索しています。

日本最初の「工業地帯」はどこにできたか

日本初の本格的な「工業地帯」は、どこにできたのでしょうか？　それは、今はもんじゃ焼の町として有名な東京の「月島」です。

その経緯を振り返ると、まず明治維新後、新政府は富国強兵策をとるなか、各地に官営工場を建てました。

東京では、隅田川河口の石川島に海軍省の造船所（現ＩＨＩ）、深川に工部省のセメント製造所（旧浅野セメント、現太平洋セメント）、神田川沿いの関口（現在の小石川）に陸軍省の東京砲兵工廠を建設しました。そのころはまだ、各地に工場が点在するだけで、工業地帯は形成していませんでした。

明治中期になると、それらの官営工場が民間に払い下げられ、それに合わせて、当時の東京府は都市の開発計画をすすめます。

たとえば、当時の東京湾は、土砂が隅田川から流れ込むままに堆積し、港として機能していませんでした。そこで、大型船が着岸できるように、航路を浚渫《しゅんせつ》する一方、その揚土で石川島と佃島《つくだじま》の南を埋め立て、工業団地にすることに決めたのです。

その後、月島には、民間に払い下げられた石川島の造船所を核として、造船、造機、鉄製構造体、ボイラーなどの工場、その下請け企業が集積します。そこへ多くの労働者が集まることになり、日本初の重工業地帯を形成することになったのです。今は、それらの工場の多くが立ち退き、その跡地にはタワーマンションが林立しています。

山梨県はどうして宝石王国になったのか

山梨県は、宝石加工業でトップの県。甲府市内には、宝飾品の中小工場や工房、店舗が建ち並び、日本唯一の県立の宝石美術専門学校もあります。

山梨が宝石王国になるきっかけは、江戸時代の末期、京都の宝石商がこの地に研磨技術を伝えたことでした。

もともと、山梨は古代から水晶の産地として知られてきました。平安時代には甲斐産の水晶玉が占いに利用され、鎌倉時代には仏像の玉眼に利用されていました。

ただ、水晶の研磨は、近世まで上方で行われていました。江戸時代になっても、甲州の金峰山で産出された水晶は京都へ運ばれ、京都の研磨職人が加工していたのです。

そして、ようやく江戸末期になって、京都の宝石商「玉屋」の番頭・弥助が、甲州へ原石を仕入れに来たさい、金桜神社の神官たちに水晶の研磨法を教えます。

明治時代になると、廃仏毀釈の影響で、神仏習合の金桜神社は、財政的なピンチを迎えました。そのさい、神官たちは弥助に習った技術を使って、水晶を研磨するようになったのです。

それをきっかけにして、山梨では水晶加工業が盛んになり、大正時代には、水晶製の印鑑や帯どめ、数珠、文鎮、カフスボタンなどの製造を行う水晶品製造業が183戸もあったと記録されています。そうして、水晶加工で蓄えた技術と資本によって、山梨には宝石加工業が根づくことになったのです。

川口市が鋳物の町になった事情

川口市は、埼玉県南部の人口約59万人の町。東京へ通勤・通学する「埼玉都民」が多数暮らす町です。今は高層マンションが建ち並んでいますが、古くは鋳物《いもの》産業で発展した地域でした。

川口市が鋳物の町になったそもそもの理由は、近くを流れる荒川の砂や粘土が鋳物造りに適していたからです。鎌倉時代には、すでに鋳物造りがはじまっていたとみられ、中国からの渡来人が、荒川の砂や粘土を見て、地元の農民たちに技術を教えたと伝わっています。そうして、農民たちは、農閑期の副業として、鍋や釜などの日用品を作るようになりました。

そして、徳川家康が江戸に入府すると、全国各地から鋳物師が呼び集められ、川口に鋳物師集団が生まれることになりました。

それが、大きく発展したのは江戸時代末期のこと。黒船が来航すると、国防上の理由から、鉄砲や大砲、弾丸などを大量に鋳造する必要が生じたのです。江戸に近く、荒川の水運にも恵まれていた川口には、幕府や諸藩からの注文が殺到し、川口製の武器は全国で知られる存在になりました。

明治時代になると、欧米から最新の鋳物技術が導入され、日清、日露戦争、第一次世界大戦の軍需に支えられて、生産量が大きく伸びました。さらに、戦後は、朝鮮戦争期に輸出を拡大します。日本経済の復興とともに、工作機械や産業機械、ミシン、ストーブなどを生産するようになり、川口市は埼玉県下随一の工業都市に成長したのです。

しかし、高度経済成長時代、新住民が増えると、鋳物工場は騒音や地盤沈下の原因として疎《うと》まれるようになります。そして、川口駅周辺にあった鋳物工場は、次々と移転していきます。現在は、その跡地に高層マンションが建ち並び、「埼玉都民」の住む町になったというわけです。

関市が世界有数の刃物の町になったワケ

岐阜県の関市《せき》は、世界有数の刃物の町。日本国内のシェアも約半分を占めるほか、世界的にもドイツのゾーリンゲン、イギリスのシェフィールドと並んで、「ナイフの3S」と称されています。

関市が刃物の町になったルーツをたどると、その発端は鎌倉時代に刀匠たちが移り住んできたことでした。刀匠たちがこの地に目をつけたのは、良質の土と松炭があり、長良川の水をふんだんに使えるという条件がそろっていたからでした。その後、有名な刀匠が腕を競う刀剣の名産地として栄えました。

しかし、江戸時代、天下太平の世を迎えると、刀剣の需要は逓減していきます。そこで、刀匠たちの多くは、包丁やハサミなどの刃物鍛冶に転向し、関全体も名刀の産地から家庭用刃物の産地へ変わっていくことになりました。

そして、関市で初めてポケットナイフが製造されたのは、1888年（明治21）のこと。大正時代には、機械化によってポケットナイフの量産体制が整い、関市は世界的に知られるナイフ製造の地としても発展することになりました。

燕市は、なぜ洋食器の町になったのか

新潟県の燕《つばめ》市は、金属洋食器や調理器具の生産で、国内生産の約90パーセントのシェアを占める町。スプーン、フォーク、ナイフ、フライパン、鍋など、自宅やレストランで使う洋食器・調理器具の大半は、燕市でつくられているのです。人口わずか7万7000人ほどのこの市は、なぜ洋食器の大産地となったのでしょうか？

江戸時代、今の燕市のエリアでは、和釘づくりが盛んでした。江戸時代は、江戸で大火が多かったこともあって、和釘の需要が絶えなかったのです。ところが、明治時代になると、安価な洋釘が輸入されるようになり、明治の終わりごろには、燕地域の和釘製造は大打撃を受けていました。そこで、当時、東京で洋食が人気になっていたことに目をつけて、1914年（大正3）ごろから、金属加工の技術を生

かし、スプーンやフォークをつくりはじめたところ、これが人気を呼びます。

その後、機械化して大量生産を開始、戦後はステンレスを素材として導入し、燕地域はさらにシェアを伸ばしました。その後、オイルショック、円高、韓国・台湾の台頭など、たびたびピンチに見舞われますが、そのつど危機を乗り越えて、現在も洋食器製造の街として、燕ブランドは世界に知られているというわけです。

四日市が重工業で発展するまでの経緯

三重県の四日市市は、江戸時代には東海道の宿場として栄え、大正時代には毛織物や綿の輸出で発展しました。

それが方向転換したのは、1939年に四日市湾の埋め立てが行われ、海軍燃料工廠が設立されてからのことです。以降は、軍需工場が増え、現在に至るまで、四日市市は重工業を中心に歩むことになったのです。

太平洋戦争中には、石油工場が空襲の標的となり、壊滅的な被害を受けますが、戦後、復興を遂げ、石油化学コンビナート地帯が形成されることになりました。昭和30年代後半から40年代にかけては、工場から排出した汚染物質が原因で「四日市ぜんそく」が発生、水俣病、イタイイタイ病、新潟水俣病とともに、いわゆる「四大公害」のひとつとして、大きな社会問題となったこともあります。

そうした過去を払拭するように、近年は工場夜景クルーズなどの見学ツアーが注目を集め、とりわけ夜の幻想的な工場風景が人気の的となっています。

どうして鯖江市は眼鏡の一大産地になった？

福井県の鯖江《さばえ》市は、眼鏡フレームの国内生産の95％を占める大産地。鯖江での眼鏡づくりは１９０５年（明治38）、国産眼鏡の祖とされる増永五左衛門によってはじまりました。

増永が眼鏡製造に目をつけた理由はいくつかありました。まず扱う製品が小さいので、初期投資が少なくてすむこと。そして、冬場は雪に降りこめられがちな福井県での副業に適していること。そして、眼鏡が近い将来、日本人の必需品になると考えたからです。

増永の予測は的中し、眼鏡の需要は伸び続け、鯖江では、農家の二男や三男を中心に、眼鏡製造に従事する人が増えたのです。

さらに増永は、品質向上のために「帳場制」を導入します。帳場制は、職人グループが請負の形で生産し、年季があけた者は親方として独立開業して、弟子をとって技術を伝えるという仕組みです。

この仕組みのなか、職人グループが切磋琢磨することで品質が向上し、さらに分業制が進んで生産性が上がりました。そうして、鯖江は、眼鏡の産地として成長を遂げてきたのです。

神戸が真珠産業の中心地になったワケ

日本では、英虞《あご》湾（三重県）や宇和海（愛媛県）などで、真珠の養殖が行われていますが、その加工や取引の中心地は、兵庫県の神戸市です。神戸には200もの真珠業者が集まり、輸出真珠の80％は神戸から海外へ運ばれているのです。

神戸が真珠産業の中心地となった背景には、まず神戸港が国際港だったことがあります。真珠の養殖技術は、1905年（明治38）、御木本幸吉が英虞湾でアコヤガイの真円真珠の養殖に成功した後、確立されました。そうして英虞湾で養殖された真珠の多くは、神戸へ運ばれ、神戸で選別・加工されて、欧米の富裕層向けに輸出されるようになったのです。

そのさい、神戸市の北側に六甲山系が連なっていることも、真珠産業にとっては大きなメリットとなりました。真珠を選別するさいには、安定した自然光が必要です。その点、南からの太陽光を六甲山の斜面が反射するため、北側の窓からはやわらかく安定した自然光（ノースライト）が入ってくるのです。そこで、神戸の真珠業者は、六甲山麓に作業場を設け、北向きの窓際で作業をすることにしたのです。

愛媛県で造船が盛んになったのはなぜ？

愛媛県の代表的産業のひとつに「造船業」があります。県内でも、造船業がとりわけ盛んなのは今治市で、新造船建造量で国内の約3分の1を占めています。

その今治市内の波止浜地区は、古くから知られる造船の町です。今も波止浜地区は、造船所が建ち並ぶ日本屈指の造船業の集積地になっています。

この地で造船が盛んになった背景には、瀬戸内海に面した立地と、古くから行われてきた製塩業が関係しています。四国沿岸部では、12世紀初頭から塩づくりが行われ、その港は各地から塩を買いつけに来る船でにぎわっていました。

やがて、塩や製塩に必要な燃料を運搬するため、塩田の近くでは海運業が発達し、船を修理したり造船したりする船大工が多数育つことになりました。そして、技術が集積され、その伝統が受け継がれて、このエリアは造船業の町として発展してきたのです。

CHAPTER 5

農業と食ビジネスからわかる日本の今とこれから

北海道で酪農が盛んになったのはどうしてか

農業にも、むろん地理的な条件が大きく関係してきます。気象条件はもちろん、地形、交通の便などが関係し、その土地に最も適した作物が名産品となってきました。この章では、そうした地理と農業・食ビジネスの関係を探り、「なぜ、その地域で、その食べ物づくりが盛んになったか?」を中心テーマに、お話ししていきます。

この章では、日本列島の北から順に紹介していきますので、トップバッターは北海道です。ご承知のように、北海道は全国きっての農業県(道)であり、とりわけ酪農が盛んです。北海道に牧場が多いのは、むろん広い土地があり、気象条件も合っていたためですが、もうひとつ見逃せない歴史的な要因があります。それは、開拓期の北海道で、米食よりもパン食が推奨されたことでした。

明治初期、寒冷な北海道では、米づくりは難しいと考えられていました。そこで、明治政府は1871年(明治4)、アメリカから酪農技術者を呼びよせ、北海道では欧米式の酪農を広めることにしたのです。

そのとき、最高顧問として来日したのが、ホーレス・ケプロンというお雇い外国人。彼は、北海道の気候や土壌を研究し、翌年、明治政府に食生活を改善するための意見書を提出します。そのなかで、ケプロンは「（北海道では）パン食を中心にして、牛乳や肉などの栄養価の高い食物をとるのが望ましい」と提案したのです。

その意見書がきっかけになって、北海道では洋食が奨励されます。そうして、洋食という新しい食スタイルが広まるとともに、欧米風の酪農が広がることになったのです。

十勝地方は、なぜワインの名産地になったのか

北海道池田町といえば、「十勝ワイン」の産地。1961年にブドウ栽培からはじめ、70年代にはヨーロッパ・ワインにも負けないほどの質の高いワインを完成させ、国際的な賞をいくつも受賞しています。

池田町が短期間にワインの名産地になったのは、丸谷金保《かねやす》という町長のリーダー

シップが大きく関係していました。もともと、池田町は冷害に苦しめられる土地であるうえ、1952年（昭和27）には十勝地震に見舞われ、その後2年間は凶作が続きました。住民には、札幌などの都市へ出ていく家族が目立ちはじめました。そこで、丸谷町長は、町を元気づけるため、町民の先頭に立ってワインづくりに取り組んだのでした。

丸谷町長のモットーは「企業感覚をもて」、「徹底的に調査をしろ」、「通念には根拠がない。冒険心をもて」など。そうして、町役場と町民が一体となって、わずか10年間ほどで世界に誇れるワインづくりに成功したのでした。

こうして、余市町は「ウイスキーの町」になった

余市町《よいち》は、北海道・積丹半島《しゃこたん》の付け根にある人口1万9000人ほどの町。もともとニシン漁の主要港のひとつでしたが、今では、ニッカウヰスキーの創業の地として、よく知られています。この町がニッカウヰスキー創業の地として選ばれたのは、麦ではなく、りんごの栽培が行われていたことが大きな理由でした。

ニッカウヰスキーの創業者は、日本で初めてスコッチ・ウイスキーを完成させた竹鶴政孝。竹鶴は、朝の連続テレビ小説『マッサン』の主人公のモデルとなった人物で、スコットランドのグラスゴー大学やウイスキーの原酒工場で醸造学を学び、帰国すると、1929年（昭和4）、寿屋《ことぶきや》（現在のサントリー）の山崎蒸留所初代工場長として、日本初の本格スコッチ・ウイスキーの製造を指揮します。

その4年後、竹鶴は、より本格志向のスコッチ・ウイスキーを造ることを目指して、自らの会社を立ち上げます。そのとき、竹鶴が創業地として目をつけたのが、りんご栽培の盛んな余市だったのです。

ウイスキーの原酒は、5年間は樽に詰めて保管する必要があるので、その間は会社としての売上げを見込めません。そこで、ウイスキーができあがるまでの運転資金を稼ぐため、余市のりんごからジュースを作る事業にも取り組んだのです。そのため、社名を「大日本果汁株式会社」としました。

5年後、ウイスキーを発売することになって、商品名を社名を略して「日果」としようとしましたが、果汁から造った酒と誤解されるのを恐れ、カタカナで「ニッカ」と表記することにしたのでした。

りんごが青森県の名産になったのはなぜ？

りんごの生産で、全国トップの青森県。青森県が収穫量日本一となるまでには、以下、紹介する3人の人物の活躍が欠かせませんでした。

まず、青森にりんご栽培を広めたのは、菊池楯衛という旧津軽藩士。明治時代、彼は北海道の農場で、アメリカ人からりんごの栽培法を学び、身につけた技術を青森の農家に広めました。

次の人物は、菊池の弟子だった外崎嘉七です。彼は、りんごの品質をよくする「袋かけ」法や、木を低くして作業しやすくする方法など、実践的なりんごの栽培法を編み出し、りんご栽培技術に革命を起こしました。

3人目は、クライド・パングボーンという米国人パイロットです。彼は1931年（昭和6）10月4日、青森県の淋代《さびしろ》海岸（青森県三沢市）を飛び立ち、41時間13分をかけてワシントン州ウェナッチまでの飛行に成功した人物です。

彼が離陸地に日本の青森県を選んだのは、太平洋を渡るさい、最短距離を飛ぶためでした。当時は飛行場などなかったため、地元の老若男女が総出で、彼のために離陸地を整地しました。

そうして、初の太平洋無着陸横断飛行に成功したパングボーンは帰国後、そのお礼にアメリカから、りんごの苗を送ってきたのです。

当時、青森のりんご栽培は病虫害に悩まされていましたが、パングボーンの送ってきた苗は害虫に強い品種でした。その苗の品種が次々と接木されて、被害を食い止めることができたのです。そうして、青森では、りんご栽培がますます盛んになり、日本一のりんご生産県の座を占め続けてきたのです。

岩手県で、日本では珍しくヒツジが飼われてきた理由

「小岩井農場」は、岩手山の南麓に広がる日本最大級の農場。1891年（明治24）に創設されました。

「小岩井」という牧場名は地名ではなく、創始者の小野義真（日本鉄道会社副社長）、岩崎弥太郎（三菱創始者）、井上勝（鉄道庁長官）の名の最初の文字を連ねて

付けられました。今も、乳牛や多数のヒツジが飼育されています。

小岩井農場をはじめとして、岩手県では、日本では珍しく、ヒツジが多く飼われているのですが、それは小岩井農場が1901年（明治34）、イギリスから緬羊《めんよう》を輸入し、羊毛の生産をはじめたことに端を発します。

小岩井農場がヒツジを飼いはじめたのは、岩手県の気候がヒツジの飼育、とりわけ羊毛の生産に適しているとみたからです。ヒツジの体では、雨の多い時期、皮膚を守るため、体毛を潤している脂肪やロウ状の物質が皮膚側へ沈下していきます。そのため、雨が多いと、ヒツジの毛は油っ気がなくなって、ちぎれやすくなります。要するに、品質が落ちてしまうのです。

その点、岩手県では、羊毛を刈りとる春先に、雨があまり降りません。その分、良質の羊毛を生産することができるというわけです。

一方、岩手県では、刈りとり後の初夏から秋に向けて降水量が増えていきます。その雨によって牧草がよく育ち、ヒツジもよく育つというわけです。

このように、岩手県の気候はヒツジを飼うのに最適であり、日本では珍しくヒツジを飼う県になったというわけです。

山形県に京の食文化がもたらされた歴史的背景

東北地方の味つけは総じて濃い目ですが、山形県は唯一の例外。とくに、山形市や米沢市、酒田市あたりは、他の東北各県と比べると、味つけが薄めの関西風です。山形県には、正月になると、京風の丸餅入りの雑煮を食べる地域もあります。

山形県の食文化に関西の影響が見られるのは、江戸時代、日本海を通じて上方文化がもたらされていたからです。その時代、山形地方は紅花《べにばな》の産地として知られ、山形産の紅花が、北前船に載せられて大坂や京都へ運ばれていました。その一方、山形に寄港する船は、上方文化を伝える品々を積んできていたのです。

とりわけ、上方との流通拠点だった酒田の町は、「西の堺、東の酒田」とうたわれるほど発展し、上方の文化が流れこんでいました。食文化はもちろん、衣装や雛人形なども船で運ばれてきたのです。そうして、山形県の一部には、関西地方の飛び地と思わせるような風土が生まれたのです。

また、山形県は日本海側以外は、三方を山に囲まれているので、他の東北各県とは距離的には近くても、行き来は楽ではありませんでした。陸上の交通量が乏しいこともあって、海路からもたらされる上方文化の影響を受けやすかったのです。

ネギの生産量全国トップ深谷市の謎

埼玉県の深谷市は、ネギの生産量で全国トップの街。「深谷ネギ」の名で知られる白ネギの大産地です。

深谷市でネギの栽培がはじまったのは、明治初期のこと。深谷出身の渋沢栄一の実家も養蚕農家だったように、江戸時代まで、深谷では養蚕が盛んだったのですが、繭《まゆ》や生糸の値段が暴落したことをきっかけに、安定収入を求めて、深谷の人々はネギを作るようになったのです。

もともと、深谷は、利根川と荒川にはさまれて、豊かな水と肥沃な土に恵まれた土地。明治時代、ネギの生産量はじょじょに増えていきました。

そして、大正時代になると、今のＪＲ高崎線にのせて、東京に出荷されるようになりました。その味は東京でも評判を呼んで、ネギが深谷駅から送られてくることから、「深谷ネギ」と呼ばれるようになったのです。

そして、昭和に入ると、深谷では生産組合が結成され、生産と流通が分業化され、首都圏以外にも盛んに出荷されるようになりました。仲買商らが北陸や東北、北海道など、冬の間、野菜生産の少なくなる地域にネギを売りこんで、大きな需要を獲得、深谷ネギは全国に知られるブランドネギとなったのです。

山梨県がぶどうの産地にぴったりだったといえる理由

山梨県は、ぶどうの生産量日本一の県。小粒の種なしぶどうデラウエアや、高級品種の巨峰やピオーネ、近年はシャインマスカットなど、さまざまな品種が栽培されています。とくに、主産地の勝沼町あたりをドライブすると、見わたす限り、ぶどう棚が広がっています。

甲州ぶどうが商品として流通しはじめたのは、江戸時代に五街道がつくられてからのことです。勝沼宿名物の珍しい果物として江戸にもその名が知られるようになり、松尾芭蕉は勝沼宿を通ったさい、「勝沼や馬子もぶどうを食いながら」と詠んでいます。

今の山梨県でぶどう栽培が盛んになった理由は、その気象条件にありました。甲府盆地は内陸性気候で、夏場、日中は気温が上がりますが、夜は気温が下がり、ひんやりと涼しくなります。その寒暖の差の大きさが、ぶどうの色づきには欠かせない条件なのです。

また、雨はぶどうの大敵ですが、甲府盆地は晴天の日が多く、雨量が少ない土地柄。土壌の水はけがよく、伏流水がたっぷりあることも、果樹栽培に適していました。

群馬県がこんにゃくの大産地になるまで

こんにゃくは、今や「群馬県特産」といってもいい食品。こんにゃくイモの収穫量では、同県が全国の97パーセントを占めています。なぜ、群馬の人々は、このイモを作るようになったのでしょうか？

群馬県にこんにゃくイモの栽培技術が伝わったのは、明治時代のことでした。県南西部、現在の南牧村《なんもくむら》に技術が伝えられ、水車を使ったこんにゃく粉の生産が盛んになりました。

こんにゃくイモは栽培が難しい植物で、直射日光を嫌う一方、寒さは苦手です。雨量がないと育ちませんが、水はけが悪いと腐ります。そうした難しい条件を、山間部で日照時間の少ない南牧村はクリアしたのです。そうして、まず南牧村の周辺で生産量が伸びはじめました。

ただ、生産量が増えた理由は、気候だけではなかったようです。こんにゃくイモは価格変動の大きい農産物だったことも、群馬県民の気質に合っていたといわれます。群馬県（上州）には古くから博打場が多数あり、この地には博打を好む人が多かったのです。投機性の高いこんにゃくイモづくりは、他の堅実な作物づくりよりも、上州人にとっては面白いビジネスに思えたのかもしれません。

野田市は、どうして醤油の産地になったのか

醤油の「キッコーマン」の発祥の地は、千葉県の野田市。同市は、関東平野のほ

ぼ中央に位置し、利根川と江戸川にはさまれています。野田が醤油の産地として栄えたのも、川に囲まれ、水運に恵まれていたことが大きな理由といえます。

江戸初期、醤油の産地は、龍野（兵庫県たつの市）や湯浅（和歌山県湯浅町）など、上方にありました。江戸へは船で運ばれていたのですが、やがて幕府は江戸近辺の後背地で醤油を作ることを目指し、上方から職人を移住させて、醸造技術を伝えることにしました。

そのさい、産地に選ばれたのが、水運に恵まれていた野田と銚子です。江戸へ醤油を運びこむときはもちろん、醤油の原料の塩を赤穂（今の兵庫県）から、大豆や小麦を茨城や埼玉の産地から運ぶのにも、野田と銚子は立地条件に恵まれていたのです。

そうして1661年（寛文元）、上花輪村の地主だった高梨兵左衛門が醤油醸造をはじめます。それに茂木佐平治が続き、以後、江戸の人口増加とともに、野田は醤油の一大産地として発展していきました。

時は流れ、大正時代、この両家を中心に「野田醤油株式会社」が設立され、それが後のキッコーマン株式会社となります。「亀甲萬」という名は、もともと茂木家で使っていたものです。

なぜ、浜名湖はウナギの養殖日本一になったのか

日本で初めてウナギの養殖をはじめたのは、服部倉二郎という明治時代の人物。ただ、その場所は浜名湖ではなく、東京の深川でした。服部は、約2ヘクタールの養殖池を造って、養鰻業をはじめたのです。

1897年（明治30）、服部は出張の折り、列車の窓から、浜名湖を見てピンときます。そこが、「ウナギ養殖にぴったりの場所だ」と。

服部は、1900年（明治33）、湖岸に土地を確保して、浜名湖での養殖を開始し、すぐに成功します。服部の見立てどおり、浜名湖は、ウナギ養殖に最適の場所だったのです。

浜名湖がウナギ養殖に向いていた第一の理由は、シラスウナギ、水、エサという養鰻業のための3カードがそろっていたことです。当時、浜名湖にはシラスウナギが遡上《そじょう》してきていましたし、水は浜名湖の水と地下水をふんだんに利用できます。

そして、養蚕の産地が近かったので、ウナギのエサになるサナギの入手に困らなかったのです。

また、年間の平均気温が15℃という静岡県西部の温暖な気候も、ウナギ養殖に適していました。そのうえ、浜名湖は、東京と大阪の中間地点に位置し、東海道線を使えば、どちらの大都市にも出荷できます。素材調達、気候条件、流通網など、経済地理学的にみても絶好の諸条件がそろっていたため、浜名湖は日本最大のウナギの養殖地に成長したのです。

富山湾の魚の種類が豊富なのには、理由があった

「富山湾ほど、魚の種類が多い海はない」といわれます。じっさい、富山の魚市場へ行くと、ブリ、ホタルイカ、シロエビなど、魚種の豊富さに驚かされます。

富山湾に、さまざまな種類の魚が集まるのには、海底の構造と海流が関係しています。まず、富山湾は、岸から5メートルも離れると、水深が20メートルにもなる深い海です。さらに、すこし沖に出ただけで、水深1000メートルにも達する場

所もあります。そのため、さまざまな種類の魚が、生息しやすい棚（深さ）を選ぶことができるという、多種多様な魚介類の棲み家としては絶好の海底地形になっているのです。

しかも、富山湾の先の能登半島の沖合で、寒流と暖流がぶつかり合っています。そのため、富山湾には、マダラ、スケソウダラなどの寒流魚と、ブリ、マグロ、サワラ、カツオ、サバ、アジなどの暖流魚が、双方ともに入ってきます。

そして、それぞれの魚が、自らにとって都合のいい深さに棲みつきます。そういう条件が重なり合って、富山湾は魚種豊かな海となったのです。

兵庫の灘が酒どころになったのはどうしてか

兵庫県の灘《なだ》地域は、全国有数の酒どころ。現在の神戸市東部、芦屋市、西宮市の海岸沿いが、かつては魚崎郷、御影郷、西郷、今津郷、西宮郷の5つに分かれ、「灘五郷《なだごごう》」と総称されました。そして、そこで造られる日本酒が「灘の生一本」として珍重されてきたのです。

灘でおいしい酒を造れるのは、良質の播州米や丹波杜氏《たんばとじ》の技術も関係していますが、やはり良質の水が湧きだすことがいちばんの理由でしょう。

その地下水は「宮水《みやみず》」と名づけられ、宮水の湧き出る場所には、今も各酒造メーカーがそれぞれ専用の井戸を持っています。

では、なぜ灘においしい水が湧くのでしょうか。それには、灘の背後に連なる六甲山系が関係しています。同山系はおもに花崗岩《かこうがん》でできていて、山々に降った雨は地中に浸みこむと、目の粗い花崗岩層を通り抜ける間に、自然とミネラル分をたくわえるのです。さらに、地層をくぐりぬけるうちに不純物がとりのぞかれ、ミネラル分を貯えた良水が、六甲山の麓の灘で湧き出します。その貴重な水が「宮水」と呼ばれるわけです。

京都の伏見が酒どころになったのはどうしてか

では、兵庫の灘と並び称されてきた酒どころ・京都市の伏見は、なぜそうなったのでしょうか?

前項でも述べたように、日本酒造りには、良質の水の入手が欠かせません。その点、伏見は、昔は「伏水」とも書いたくらいで、古くから名水が湧く土地でした。ただ、名水の湧く土地なら、他にもあります。そのなかで、伏見が酒どころになったのは、次のような条件も兼ね備えていたからです。

まず、近くに京都、大坂という大消費地があったことです。昔の酒は日持ちがしなかったので、長時間の輸送にはたえられませんでした。

そして、伏見の酒の味は、薄味の京料理によく合います。灘の酒は、六甲山麓から湧き出す水が「硬水」であるため、キリリと辛口で、味つけが濃いめの江戸料理によく合います。一方、伏見は、水の硬度がやや低いため、その酒はほんのり甘口に仕上がります。その分、伏見の酒は薄味の京料理によく合い、上方でより愛でられることになったのです。

ただ、伏見は、京都南部の内陸部にあるため、海路では、灘に比べて江戸から遠いという不利がありました。そのため、江戸時代後半には、早くも生産量に陰りが見えはじめます。そして幕末、伏見は戦場になります。鳥羽伏見の戦いで、砲弾、銃弾が飛び交い、町は壊滅状態となり、酒造りどころではなくなってしまったのです。

しかし、明治時代に入るとじょじょに復興し、東海道線などの鉄道が敷かれた後は、伏見の酒造業者は東京への販路を拡大、その後、伏見の酒の味は全国へ広まることになりました。

明治維新をきっかけに、日本の茶どころが増えた事情

江戸時代まで、茶といえば、京都・宇治の半ば独占的な商品でした。ところが、明治維新後、日本茶には静岡茶、狭山《さやま》茶という2つの銘茶が加わります。そこには、どのような事情があったのでしょうか?

まず、静岡茶は、明治に入ると、宇治茶と肩を並べるまでに発展するのですが、その発端は維新後の失業対策にありました。

江戸幕府が瓦解すると、今の静岡県には失業者が溢れました。徳川将軍家に仕えていた家臣団が、先祖の故郷である静岡県に江戸から戻ってきたのですが、そこに仕事はなかったのです。

加えて、大井川の川越に従事する人々も大量失業しました。江戸時代、幕府は江戸防衛のため、この川に橋をかけなかったので、人や物の川渡しのため、大勢の人が働いていました。ところが、明治新政府によって、人力による川越は禁止され、代わりに渡し船が登場しました。そのため、多くの人々が職にあぶれたのです。

そうして、静岡県には失業者が溢れたのですが、有力な元幕臣らの尽力で、茶の栽培事業がはじまり、元武士や元川越人足の多くは、その茶栽培に従事することになったのです。静岡県は、地形や気象条件が茶栽培に適していたので、豊富な労働力を得て、静岡茶は生産量を右肩上がりに伸ばしたのです。

続いて、関東地方にも銘茶が生まれました。埼玉県の狭山茶です。狭山茶は、今の狭山市内で生産される茶だけでなく、埼玉県下でつくられる茶の総称。主産地は、狭山市、入間市、所沢市です。

このエリアで茶栽培が盛んになったのは、土壌が適していたからです。武蔵野台地は、赤土の関東ローム層の下に、水はけのよい地層があります。その土質が、茶栽培に向いていたのです。また、この地域の比較的降水量が少ない気象条件も、湿気に弱いお茶には合っていました。

この地域では、江戸時代から茶がつくられてはいたのですが、他の地域にはほとんど知られていませんでした。それが一気にブレイクしたのは、幕末に横浜が開港されてからのこと。狭山茶がアメリカへ輸出されるようになったのです。

そして、その海外需要に目をつけたのが、旧黒須村（現入間市）の豪農だった繁田武平です。1875年（明治8）、彼が中心になって、狭山の主な製茶業者が共同し、「狭山会社」という会社を設立します。同社は、緑茶をアメリカに輸出することを目的に設立された企業でした。このチャレンジによって、狭山茶の名は広く知られるようになり、銘茶の一角を占めるようになったのです。

和歌山県が梅の産地になったのはなぜ？

和歌山県は「南高梅《なんこううめ》」を代表とする梅の産地として有名な県。栽培面積でも出荷量でも全国1位を誇ります。

和歌山県で、梅の栽培・生産が盛んになった理由のひとつは、江戸時代、藩が梅の栽培を奨励したことです。

同県内でも、梅の栽培が盛んなみなべ町や田辺市は、山と海にはさまれ、耕作地が少ない土地。そこで、領主の安藤帯刀《たてわき》が、山の傾斜地に梅を植えることを奨励しました。そして、収穫した梅に年貢をかけなかったことから、農民たちはこぞって梅を栽培するようになったのです。

さらに、根本的な理由は、この地域の土壌が梅の栽培に適していたことです。みなべ町や田辺市一帯の土壌は、梅の成長に欠かせないカルシウムを豊富に含んでいます。そして、気候も温暖なことから、梅の木がよく育つのです。

そもそも愛媛県が柑橘類栽培に向いているワケ

愛媛県といえば、みかんの一大生産地。みかん単独の生産量では、和歌山県にトップを譲りますが、甘夏やいよかんなどを含めた柑橘類《かんきつるい》全体では、全国1位の果樹面積を誇ります。愛媛でみかんを含めた柑橘類がつくられてきた理由は、その気候条件と耕地の形にあります。

柑橘類の産地になる第一条件は、気候が温暖であることです。たとえば、みかんの場合、年平均気温が15℃以上で、冬の最低気温が零下5℃以下にならないことが必要条件です。その点、瀬戸内海に面した海洋性気候の愛媛県は、この2条件をクリアしています。

そしてもうひとつ、重要な条件は傾斜地が多いことです。みかんなどの柑橘類は、平地よりも傾斜地に植えたほうが、甘くおいしくなるからです。傾斜地は水はけがよく、同様の地質でも平地よりも早く乾燥します。また、傾斜地は日陰になりにくいので、長い日照時間も確保できます。柑橘類の木は、障害物に日光をさえぎられることなく、太陽光を長時間浴びることができ、甘い実をつけるのです。

愛媛県は丘陵地帯が多く、傾斜地が多いという条件もクリアしています。そもそも、傾斜地でコメや他の野菜を作るには、段々畑にする必要があり、大変な労力を必要とします。その点、果樹なら段々畑にする必要もなく、傾斜地のほうがよく育つくらいです。そうした傾斜地も生かすため、愛媛県には柑橘類を育てる農家が増えることになったのです。

CHAPTER 6

あの業界の中心地は、なぜその「場所」だったのか

東京の下町にはなぜ問屋街が広がっているのか

ここからは、網の目を小さくして、地方・県レベルではなく、市町村・区レベルで、なぜその地域が特定のビジネスの中心地になったのか、その理由を探っていきましょう。まずは東京都内に点在する経済的特色豊かな街から話をすすめます。

東京の場合、まず目につくのは、問屋街が下町の狭いエリアに集中していることです。東は隅田川、西は神田、南は日本橋、北は浅草までの東西2キロ、南北4キロという範囲に、各種商品の問屋が集っているのです。地名でいうと、横山町、馬喰町、浅草橋、東日本橋、東神田あたりです。

その一帯が問屋街になった第一の理由は、江戸時代には、最も交通の便のよい土地だったからです。この地は、水陸両方の交通の中心地だったのです。

当時の江戸経済の中心地は、今の日本橋界隈。そこへ物資を運ぶため、隅田川に通じる堀が掘られ、主要街道へ通じる道路が整備されました。小舟町、馬喰町、小伝馬町といった「舟」と「馬」に関係する地名は、その名残りです。

そして、それらの町に物資が集まるようになると、しぜんに問屋が増えはじめます。たとえば、堀留町には織物問屋が集まって、八王子や足利、桐生などで作られた織物が街道や水運を利用して運び込まれました。小網町には酒や醤油の問屋が集まり、越後や野田、銚子から酒や醤油が運ばれてきました。浅草橋には、浅草寺への参拝客を目当てとした人形やおもちゃの問屋が集まり、岩槻などの産地から、水運を利用してそれらの工芸品が運ばれてきたのです。

こうして、下町界隈が江戸経済を支える物流の中心地となり、それは明治以降も継承・拡大されました。そうして、合羽橋には台所器具、築地には食品、馬喰町や横山町には雑貨類、浅草橋北側には帽子と洋傘、蔵前には家具といったふうに問屋が下町に集まることになったのです。

渋谷にIT企業が集まったそもそもの理由

渋谷には、サイバーエージェント、ディー・エヌ・エー、GMOインターネットなど、多数のIT企業が集まっています。以前は、アメリカのシリコンバレーにならって、「ビットバレー」とも呼ばれたこともありました。なぜ、渋谷にＩＴ企業が集まることになったのでしょうか？　それは、21世紀初頭のＩＴベンチャーブームの名残りといえます。その時期、渋谷周辺には多数のＩＴベンチャーが集まったのです。マンションの一室ではじめたような会社まで合わせると、一時は６００社以上がこの地域にオフィスを構えていました。

では、そもそも、なぜＩＴベンチャーが渋谷に集まったのでしょうか？　それには、大きく分けて、２つの理由がありました。

ひとつは、その便利さです。交通の便だけではなく、ＩＴベンチャーにとって、渋谷はさまざまな点で便利だったのです。小規模のＩＴベンチャーは、業務をアウトソーシングすることが多いのですが、渋谷にはそうした小企業が多数あるので、近場に発注先を見つけやすいというわけです。求人面でも、知名度の低いＩＴベンチャーでは　求人広告を出しても効果は期待できませんでした。渋谷に事務所を構えていれば、まだしも人手を集めやすいというわけです。

ＩＴベンチャーが渋谷に集まったもうひとつの理由は、渋谷という街がコンテンツの宝庫であることです。渋谷は、音楽やファッションの最先端を行く街であり、近くにはデザイナーやアートディレクター、写真家などのオフィスが多数あって、それらのコンテンツを生かしてくれます。このように、新時代を築こうというＩＴベンチャーにとって、これ以上の環境はなかったのです。

それから四半世紀を経て、当時、渋谷に集まったＩＴベンチャーのなかからは、前述したような日本を代表するＩＴ企業も現れました。大企業になったそういう会社が、今も渋谷に本社を置き、その業務の受け皿となる小規模なＩＴ企業が、現在も渋谷に多数集まっているというわけです。

神田が古書店街、次いでスポーツ用品店街になるまで

東京都千代田区の駿河台、神保町から九段下にかけての靖国通り沿いには、古書店が集まり、世界最大級の古書店街を形成しています。その一方、この地域には、スポーツ用品店も集っています。

古書店とスポーツ用品店という一見、縁のなさそうな2種類の専門店が、この街に集まることになった背景には、この地が古くから学生街として発展してきたこと

があります。

まず、江戸時代の寛政年間、この近くに日本初の官立学校「昌平坂学問所」が設けられました。それをきっかけに、全国からすぐれた学者が集まり、駿河台は江戸の学問の中心地になります。

明治時代に入ると、近くに大学の前身となる学校が次々と開校します。1881年(明治14)に明治法律学校(明治大学の前身)が設立されたのを皮切りに、英吉利法律学校(中央大学の前身)、日本法律学校(日本大学の前身)が開校します。その後も東京医科歯科大、順天堂大、東京歯科大、専修大、共立女子大、東京電機大などが開校し、一大学生街を形成したのです。それに伴って、教授陣や学生が比較的安価に買える古書を扱う店が増えはじめたのです。

一方、学生街の周辺には、学生服や学生帽を扱う洋品店も増えました。戦前には、神保町から小川町にかけて、学生服を扱う洋品店が数十軒もあったほどです。ところが、戦後、学生が学生服をあまり着なくなると、洋品店は徐々に姿を消していきます。それと入れ替わって増えはじめたのが、やはり若者を主力客とするスキーショップをはじめとしたスポーツ用品店でした。そうして、古書店とスポーツ用品店が混在するという不思議な街ができあがったのです。

なぜ、秋葉原といえば家電になったのか

今や、世界的に知られる電気街であり、オタクの街でもある秋葉原。この街は、戦前までは自転車の問屋街でした。空襲で焼け野原になり、電気街に変貌したのは、1950年（昭和25）以降のことです。

終戦直後、秋葉原近くの神田一帯に、食品や衣料品の露天商が軒を連ねます。そのなかに、中古の真空管を売る店があり、近くに電機学校（現在の東京電機大学）があったこともあって大繁盛しました。

それにならって、神田一帯に電気部品を扱う露店が急増。一時は50軒にもなり、あたりは「神田ラジオ街」と呼ばれるようになります。

ところが、やがてGHQが露店に立ち退きを要求します。それに対して、露天商組合は、GHQに代替地の用意と移転費用の融資を頼みます。その代替地に選ばれたのが、秋葉原だったのです。こうして、神田ラジオ街の露店が、集団で秋葉原に

引っ越しました。その後、高度経済成長期を迎え、秋葉原の電気店は、テレビや冷蔵庫などの家電製品を扱うようになります。そして、日本が家電大国になるに伴い、秋葉原は大電気街へと成長したのです。

その後、電気街からパソコン街へ、そしてパソコンゲームとの関係からいわゆるオタクたちが集まるようになると、そのニーズに合わせた店が増え、秋葉原は変貌を遂げ、今や世界的に有名なオタクの聖地となったというわけです。

兜町が日本最大の証券街になるまでに起きたこと

東京の兜町には、東京証券取引所のほか、大通りの両側には有名な証券会社が建ち並んでいます。この街が証券取引の中心地となったのは、新しい1万円札の顔、渋沢栄一の意向によるものでした。

江戸時代、経済の中心地は日本橋界隈でした。明治維新後、渋沢は、日本橋から少し離れた兜町にビジネス街をつくりはじめます。

渋沢が設立した第一国立銀行（明治6年）の竣工後、三菱社（明治7年）、三井物産（明治9年）、東京海上（明治12年）、明治生命（明治16年）などの有名企業が、この地で創業されています。

さらに、株式取引所（明治11年）、銀行集会所（明治18年）、商業会議所（明治24年）なども設立され、兜町は経済の中心として発展してきました。

渋沢が兜町を経済の中心地にしようと考えたのは、隅田川の水運を利用でき、物流の中心地にするには格好のロケーションだったからです。渋沢は、隅田川河口に国際貿易港をつくり、兜町を世界的なビジネス街に育てる心づもりでした。

しかし、その夢は実現せず、明治20年以降、大企業は丸の内、大手町に次々と移転し、兜町には証券取引所だけが残り、以降、兜町は株式取引に特化した街として発展することになったのです。

八重洲の開発が丸の内よりも、はるかにおくれた裏事情

今のＪＲ東京駅が開業したのは、１９１４年（大正３）のこと。当初、駅への出入り口は丸の内側にしかありませんでした。丸の内には、三菱財閥関係の会社が集

まり、「三菱村」を形成していたので、駅もそちらを向いていたのです。

一方、八重洲側には、当時はまだ外堀（今の外堀通り）が残っていて、人の行き来が分断された不便な土地でした。現在、外堀通りの真下に位置する八重洲地下街も、かつては外堀の中だったのです。

「八重洲側にも改札口を設置してほしい」という声が高まったのは、昭和に入ってからのこと。関東大震災後の復興事業で、八重洲のさらに東側の日本橋にオフィスビルが次々と建てられていました。そこで、ようやく1929年（昭和4）、八重洲側にも小さな改札口が設けられたのです。

戦後の日本経済の復興期、八重洲の外堀が埋め立てられて大通りとなり、駅前広場が整備されます。さらに、現在の八重洲地下街が開業したのは、高度経済成長を達成した後の1969年（昭和44）のことでした。

神楽坂は、なぜ花街になったのか

神楽坂は、江戸時代は、武家屋敷が立ち並ぶ屋敷町でした。神楽坂という地名は、高田馬場の穴八幡《あなはちまん》の神輿がこの地を訪れて、神楽舞を演じたことに由来すると伝わります。一方、今も昔も、神楽坂のシンボルとして知られるのは、毘沙門様の名で呼び親しまれる善国寺です。江戸時代には、周辺に商店が並び、門前町としてにぎわいました。

江戸中期、他の寺院が境内の一部を武家の住居用に貸すと、周辺に独身の武士を相手にする夜鷹（娼婦）が現れるようになり、それがやがて岡場所に発展します。1844年（弘化元）、老中の阿部正弘は、岡場所を取り締まる代わりに、茶屋が芸者を置くことを認めました。

そして、神楽坂は花街となったわけですが、明治時代には、尾崎紅葉、泉鏡花、徳田秋声らの文学者がこの坂と路地の多い風情のある町を愛し、早稲田派の演劇人たちも、早稲田にほど近いこの神楽坂を拠点に活動しました。

神楽坂が花街として最大の隆盛を誇ったのは、関東大震災後の大正時代から昭和の初めにかけてのことでした。下町に比べると、震災被害が少なかったことから、下町の花街から多数のお客が移ってきたのです。昭和初期には、料亭150軒、芸妓700人という大花街へ変貌しました。

今、かつての料亭の多くは、隠れ家的なレストランやバーなどに姿を変えていますが、今も路地には石畳が敷かれているなど、花街の風情が残る町です。

軍隊の町だった六本木が、東京有数の盛り場になるまで

東京の六本木は、今の姿からは想像しにくいのですが、戦前までは陸軍中心の町でした。江戸時代の六本木界隈は、大名屋敷の並ぶ屋敷町でしたが、明治に入ると、そこに陸軍の歩兵一連隊と三連隊が置かれたのです。

陸軍の町だった六本木は、終戦後、風景が一変します。日本陸軍の用地がアメリカの進駐軍に接収されて、洋式の兵舎が建てられました。

それを機に、昭和20年代は、六本木の街から日本人の姿はほぼ消えました。米兵相手のレストランやダンスホールが設けられ、米兵用の繁華街として復興したのです。当時の六本木はすべてが欧米式で、一般の日本人が気安く近づける街ではなかったのです。

その六本木に再び変化が起きたのは、1959年（昭和34）のことでした。米軍

施設が日本へ返還され、また日本教育テレビ（現テレビ朝日）が六本木に置かれたことで、客層が大きく変化しました。テレビ局ができたことで、テレビ関係者や芸能人が出入りしはじめ、「六本木族」と呼ばれる若者が集まってくるようになりました。

さらに1964年（昭和39）、地下鉄日比谷線が開通し、アクセスがよくなると、六本木はさらににぎわいます。交通手段ができたことで、一般サラリーマンも立ち寄れるようなカジュアルな店が増えはじめたのです。

横浜市には、なぜ中華街が誕生したのか

横浜の中華街には、中華風のビルが立ち並び、中華料理店や中国食材、中国雑貨の店がひしめきあっています。なぜ、そのような街ができたのでしょうか？

幕末まで、今の中華街あたりは横浜新田と呼ばれる田んぼでした。そののどかな土地に中華街がつくられたのは、横浜開港後、外国人商人のために居留地がつくられたことがきっかけになりました。徳川幕府の思惑としては、今の神奈川県内の辺《へん》

鄙《び》な場所に西洋人を閉じ込めようとしたのです。

その地に、西洋人とともに、中国の人々もやってきました。1868年（明治元）には、すでに約1000人の中国人が横浜新田に住むようになり、中華街の原型が形づくられます。やがて関帝廟《かんていびょう》、中華会館、中華学校などが設けられ、1907年（明治40）には、4000人の中国人が住んでいたと記録されています。

当初、中国人には、雑貨商やペンキ店を営む人が多かったのですが、それらはあまり繁盛せず、しだいに飲食店をはじめる人が増えます。そうした店で、日本人は初めて中華料理の味を知り、その味が評判を呼んで、日本人も中華街を訪れるようになりました。

その後、関東大震災で打撃を受け、日中戦争時には反中感情が高まり、1945年（昭和20）には空襲にあうなど、中華街は何度も壊滅の危機に直面してきました。

その一方、日中戦争に出兵した際などに、中華料理の味を知る日本人はどんどん増えました。やがて戦後の復興期、中華街は息を吹き返し、その後、日本一のチャイナタウンに成長することになったのです。

道修町に薬種問屋が集まった事情

大阪市の道修町《どしょうまち》は、製薬会社が集積してきた町。武田、塩野義、田辺、藤沢といった製薬会社が、この地で生まれ、本社を置いてきました。ちなみに、谷崎潤一郎の小説『春琴抄』の舞台もこの道修町で、盲目のヒロイン、春琴《しゅんきん》は薬屋の娘でした。

道修町と薬の関係は、江戸初期の寛永年間（1624～44）にまでさかのぼります。堺の商人、小西吉右衛門が、この地に薬種業の店を開いたのがはじまりとされます。

その店が繁盛したことをきっかけに、道修町には薬種問屋《やくしゅどいや》が軒を連ねるようになります。約1世紀後の1722年（享保7）には、幕府によって124軒が株仲間として公認されたという記録が残っています。

また当時、薬は、中国からの輸入品が多かったのですが、幕府は諸国に採薬調査を行わせ、薬の国産化を目指します。その過程で、道修町には、大坂に集まる薬種を鑑別する和薬種改会所が設けられました。

こうして、道修町は日本の医薬の中心地となり、後に大手製薬企業が多数生まれる素地が築かれたのです。

船場で問屋街が栄えたのはどうして？

大阪市を代表する問屋街といえば、中央区の船場《せんば》です。

船場は、北は土佐堀川、東は東横堀川、南は長堀川（現在は長堀通）、西は西横堀川（現在は阪神高速環状線道路高架下）に囲まれた地域で、今も北浜には証券取引所があり、証券や商社、保険、金融などの企業ビルが立ち並んでいます。江戸時代からの大坂の中核的な商業地であり、問屋街としても栄えてきました。

この船場が大阪経済の中心となったきっかけは、豊臣秀吉がこの地を物流の拠点として開発したことでした。

１５８３年（天正11）、秀吉が大坂城を建設したさい、今の船場あたりに家臣団が住むようになりました。それに合わせて、食料品や日用品、武具などを扱う商人が、京都や堺から移住させられ、この地に商業地が整備されました。

その後、大坂城へ物資を運びこむための堀の開削が行われます。そのころから、東横堀川より西の地域が、「船が発着する場所」という意味で、「船場」と呼ばれるようになりました。大坂の陣後も、すぐに復興し、船場には、全国各地から物資が集まるようになります。

そして、江戸時代には、各藩の蔵屋敷や金相場会所や俵物会所などが設けられ、商都大坂の中心地となったのです。後には、鴻池善右衛門や天王寺五兵衛、平野屋五兵衛といった大坂を代表する豪商も、この町から生まれました。

なぜ、成田に空港ができたのか

なぜ、成田空港は、東京から遠く離れた場所に建設されたのでしょうか？　それには、以下のような事情がありました。

東京五輪前年の１９６３年当時、日本の表玄関は羽田空港でした。国内線・国際線の双方が乗り入れていたので、発着数が増えるなか、いずれはさばききれなくなることは、はっきりしていました。

そこで、政府は国際線専用の新空港を建設する方針を立てるのですが、その場所を決めるさい、重視されたのは、まず「羽田空港の空路の邪魔にならない」ことと、「気象的な条件」でした。後者は、具体的にいうと、風があまり吹かないことです。それまで、海に面している羽田空港では、風の影響で着陸できないことがありました。風を避けるため、旅客機は上空で旋回し、着陸が遅れたり、他の空港へ着陸することも多かったのです。そこで、新空港は、風の影響を受けにくい内陸部に建設しようということになったのです。

その点、千葉県の内陸に位置する成田は、風の影響をあまり受けません。また、天候も比較的安定していて、雪が降ることもほとんどなく、離発着に悪影響を与える気象的な懸念要素が少なかったのです。

じっさい、成田空港では、開港後からほぼ半世紀間、風の影響で、着陸できないということは、ほとんどないまま、現在に至っています。というわけで、羽田空港の空路を妨げず、風の影響を受けず、広い空港用地を確保できる場所ということでは、成田でもまだしも東京から近い場所だったのです。

なぜ、つくば市に研究学園都市がつくられた？

茨城県の筑波山麓に広がる「筑波研究学園都市」には、筑波大学をはじめ、工業技術院、国土地理院、高エネルギー物理学研究所など、数十の教育研究機関が集まっています。なぜ、つくばに「研究学園都市」がつくられたのでしょうか？

話は、1960年代にさかのぼります。高度成長のさなか、それ以上の東京への一極集中を避けるため、政府は新都市の建設を模索していました。

新都市の主目的は、首都機能の一部移転です。ところが、1963年、つくばへの新都市建設が閣議決定され、計画がスタートすると、なぜか方向転換。研究教育機関をメインとした「研究学園都市」が建設されることになったのです。

そのさい、つくばが選ばれたのは、要するに土地があったからです。当時のつくばには、アカマツを中心とした林が広がり、ところどころに集落と畑がある程度の場所でした。つくば一帯は関東ローム層におおわれ、土地がやせ、水利もよくなかったため、長く開発から取り残された地域だったのです。

ですが、その悪条件が幸いします。東京から車で1時間と比較的近い場所に、広大な土地が残されていたのです。その分、用地の買収費用も安くあがることになりました。1969年に起工され、研究教育機関の移転や新設がすすみ、1980年、日本初の研究学園都市がこの地に誕生したというわけです。その5年後の1985年には、国際科学技術博覧会（つくば科学万博）が開催され、新都市をアピールしました。

その後は、都心からのアクセスも不便だったため、あまり人気のある街ではありませんでしたが、2005年につくばエクスプレスが開業し、今は秋葉原とつくば間を最短45分で結んでいます。

なぜ、新潟では天然ガスが出るのか

新潟県は、天然ガスの産出量で日本一の県。北は胎内川《たいないがわ》の河口付近から長岡あたりまで、ガス田が広範囲に広がっています。日本では珍しく天然ガスが出るのは、地下水にメタンガスが溶けこんでいるためです。

石油は、海や湖の底にたまったプランクトンや陸上生物などの死骸が、化学作用によって変化し、生成されたもの。一方、天然ガスは、地中に埋もれた有機物が、バクテリアによって分解されることで生まれます。新潟の天然ガスは、3万年以上前の有機物から生まれたとみられています。

現在、新潟県では、銀色の高いガス井（採取用の井戸）をよく見かけ、関越道からも、櫓《やぐら》の上へ吹きあがるガスフレア（炎）を見ることができます。

ただ、そうした風景を目にするようになったのは、そう古いことではなく、新潟で天然ガスの利用が本格的にはじまったのは、戦後のことです。1947年（昭和22）、ガソリン不足に悩んだ新潟交通が、信濃川にかかる万代橋の上手に、深さ425メートルの井戸を掘りました。本来は石油目当てだったのですが、天然ガスが吹き出し、それをバスの燃料として使いはじめたのです。

その5年後、日本瓦斯科学が、天然ガスからメタノールの製造に成功して、プラスチックや化学肥料、合成繊維などの原料にも使われるようになって、新潟の天然ガスは一躍有名になりました。

ただし、水性ガスであるため、大量の地下水をくみ上げる必要があり、1960

年代、新潟平野では広範囲で地盤沈下が発生、さらに農業用水が不足するなど、大きな問題となりました。現在は、くみ上げた地下水を再び地下へ戻すなどの対策が取られています。

なお、日本で天然ガスが出るのは、新潟県だけでなく、千葉県や宮崎県、沖縄県にも、鉱床があります。とりわけ、千葉県は、新潟県に次ぐ天然ガスの産出県です。

房総半島の中部には、大量の天然ガスが埋蔵され、茂原《もばら》市には150以上の採掘坑があります。また、同市は、ガスが溶け込んだ地下水から生成される「ヨード」の産地でもあります。資源が乏しいといわれる日本で、天然ガスやヨードのとれる千葉県は、貴重な〝資源大国〟なのです。

暮らしやすい都市が北陸と甲信越地方に集中しているワケ

日本で最も暮らしやすい都市はどこでしょうか。経済関係の雑誌やシンクタンクのランキングによると、おおむね北陸と甲信越地方の県庁所在地が上位に顔を出します。

生活面での利便性や快適性、経済的富裕度、地域経済の活力などの視点から、全国の自治体を格付けすると、「暮らしやすい都市」の大半は、北陸と甲信越地方に集中するのです。

単に、収入だけで比較すると、東京をはじめとする大都市が上位にくるのですが、大都市は家賃が高く、通勤時間は長くなるなど、生活面の利便性は高いとはいえないのです。一方、北陸と甲信越地方は、とりわけ住環境の面で、大都市圏よりも、広くて安い住宅に住め、また食生活のバリエーションも豊富です。

さらに、教育や医療、福祉に関しても、北陸や甲信越は水準が高いので、子育てや老後のことを総合的に考えると、大都市圏などよりも、よほど生活・人生設計がしやすい地域なのです。

付録

日本の経済・政治風土——その地域は、こんなふうに見えている

北海道と東北の経済・政治風土は？

この「付録」では、日本各地域の「経済風土」と「政治風土」を簡略に紹介していきます。最初は、北海道経済です。

北海道では、この30年、日本経済全体以上に不景気な時代が続いてきました。

そもそも、北海道経済は、かつて経済成長していた時代から、「飛行機の後輪」と揶揄《やゆ》されてきました。そのココロは、「(北海道経済は)飛行機の後輪のように、離陸時(景気が上向くとき)は最後に地面から離れ、着陸時(景気が下向くとき)は最初に地面に着く」というわけです。

その北海道のなかで、近年、好景気に沸いてきたのは、インバウンド客で賑わうニセコ周辺です。オーストラリア人を中心とするスキー客がパウダースノーを求めてやってきて、移住者も増え、不動産価格が高騰しています。

また、ホタテの大規模養殖に成功したオホーツク海沿岸の漁業も、ホタテ御殿が多数建つなど、活況に沸いてきました。ところが、原発事故関連の処理水を

海洋放出したことで、大口輸出先だった中国が禁輸措置をとったこともあり、一時の勢いは失っています。

次いで、東北6県の経済の特徴を見ていきましょう。6県のなかでは、宮城県の県内総生産が最も大きく、宮城県の県庁所在地の仙台市は、東北全体の中心、「北の首都」のような位置を占めています。

その仙台市は、他地域からの企業進出に開放的で、企業は東北に進出するときには、まず仙台に支店や事業所を置くものです。今後も、東北経済の中心としての仙台、宮城県の座はまず揺るぐことはないでしょう。

その宮城県に比べると、他の東北5県は、経済面で閉鎖的な傾向があるといわれます。たとえば、青森県は、県内でさえ、青森や弘前を中心とする西部の「津軽」と、八戸、三沢を中心とする東部の「南部」が、旧藩時代以来の「対立関係」にあるとされます。

また、秋田県も県外との結びつきが希薄な一方、県内では何かと横並び意識が強く、新しい企業が成長しにくい面があります。岩手県も同様の傾向があります。

山形県と福島県には、バス会社が力を持ってきたという共通点があります。関東や関西で私鉄が力を持ち、不動産・観光など、さまざまな事業を展開してコングロマリット化したのと同様、東北では私鉄の力が弱い分、バス会社が中心になって企業複合体を形成してきたのです。

とりわけ、山形県と福島県で、バス会社が県内のスミズミにまで経済ネットワークを広げてきました。

一方、政治的には、北海道は、55年体制下では、革新勢力、端的にいえば、社会党が強かった地域です。中選挙区時代には、自民党とほぼ互角に戦っていたものです。その政治傾向は、開拓の歴史を背景とする進取の気質が影響していたといえるでしょう。2024年の衆院選でも、全12の小選挙区のうち、立憲民主党が9つもの選挙区を制しました（自民党は3勝）。

東北地方は、基本的には自民党が強いのですが、中国地方や九州ほどには、自民党の議席が指定席化していない地域です。自民党への不満が高まったときには、東北の有権者はしばしば自民党にお灸をすえるような投票行動に出て、各選挙区で番狂わせが起きることがあるのです。その背景には、幕末・明治維新期に、中央政府と激戦を繰り広げたみちのくの歴史が、気分として残っているからと評する人もいます。2024年の衆院選でも、全21の小選挙区のうち、立憲民主党が11の選挙区を制し、自民党の9勝を上回りました。

関東地方の経済・政治風土は？

関東各県は、東京との結びつきがひじょうに強く、経済面でも東京の影響を濃厚に受けます。

とりわけ、神奈川県と千葉県の西部、

埼玉県の南部は、「準東京」といってもいいくらい、東京と密接な関係にあります。そのため、東京の景気の波をもろにかぶりますが、右肩下がりが続いたこの四半世紀では、経済的には、まずまず善戦してきた地域といっていいでしょう。

北関東3県に目を移すと、まず茨城県は、東京という大消費地の近くにあって、近郊型農業を堅実に営んでいる県です。その一方で、茨城県には日立市という市があるくらい、日立グループとの関係が深い県です。そのため、エレクトロニクス関連の景気が落ち込むと、県内経済も下降線をたどることになりがちでした。そうした県全体が、企業城下町的である体質からの脱却が課題になっています。

栃木県も、首都圏の胃袋を支える農業県という色合いが濃い県です。東京に農産物を大量出荷している分、東京の景気の影響を受けやすい面があります。近年は、日光東照宮を軸にして、インバウンド客の呼び込みに力を入れています。

群馬県は、関東平野の北端にあって、農業のほかは、自動車製造やパチンコ関連の企業が多い県です。

政治的には、まず、東京、神奈川、埼玉南部、千葉西部あたりは、いわゆる浮動票がひじょうに多いエリア。これまで、新党ブームが起きたときには、その党が大量議席を獲得してきた地域です。2024年の衆院選でも、いわゆる裏金議員の大半は落選しました。

一方、北関東3県は、本来は自民党の

強いエリアですが、それでも、その1区(たいていの場合、県庁所在地を含む選挙区)では都市化が進んでいる分、南関東と同様の政治現象が起きることがあります。

中部地方の経済・政治風土は?

中部地方の大都市・名古屋には、地元財界で大きな発言力を持つ企業群があります。名古屋鉄道、中部電力、東邦ガス、松坂屋です。かつては、それに東海銀行(今の三菱UFJ銀行)を加えて、「五摂家」と称されました。

そのなかには、愛知県の県民総生産の40%近くを占める超大企業トヨタ自動車とその関連企業は入っていません。その理由は、トヨタの本拠地が名古屋市内でなく、豊田市だからでしょう。そんな話がささやかれるくらい、名古屋という街は、地元企業の強さが目立っているのです。

とはいえ、トヨタがあまりに巨大であるため、名古屋市、愛知県、ひいては中部地方の景気は、自動車産業の景気に左右されがちです。

また、トヨタは無借金経営で有名ですが、愛知県には他にも堅実経営の会社が多く、不況期にも倒産件数が他の地方よりも少ないという傾向があります。

静岡県も、右肩下がり経済のなかにあっては、がんばってきた県です。ホンダ、ヤマハ、スズキなどの世界的メーカーがあり、堅実経営で知られる静岡銀行がメインバンクとして中小企業を支えていることも、同県経済が安定していることの理由になっています。ただ、静岡県も、ホンダやスズキが拠点を置いているため、円高を含めて、自動車産業の景気の影響を受けやすい面があります。

岐阜県は、戦後、繊維・アパレル産業が発展してきた県。高い技術力を誇り、世界的なブランドやメーカーの布地も岐阜県内で作られることが多いのですが、今はアジア各国との価格競争に押されて、苦境にあえぐことになっています。

長野県は精密機械メーカーの多い県ですが、こちらもアジア勢などの追い上げにあって苦戦が続き、経済の停滞を招いています。

山梨県は、東京の隣県ではあるものの東京西部との間に山が連なるため、昔から人の行き来があまり活発ではありませんでした。その分、経済的には、東北地方と同様に、他県の企業が入りこみにくいといわれます。

新潟県は、田中角栄元首相以来、頼みの綱だった公共事業が減ったうえ、柏崎原発がストップしているなど、さまざまな条件が重なって、経済全体が停滞している状況です。

石川、富山、福井の北陸3県は、北陸新幹線の開通で、観光客・インバウンド客数は伸びているものの、主力産業は停滞気味です。石川・福井の繊維産業はアジア製品に押され、富山の工業も電力などのコスト高から行き詰まり感が深まっています。

政治的には、まず愛知県は、もともとは旧民社党、民主党系がひじょうに強かった地域。トヨタ系の労働組合がそれらの党を支えていたからです。2024年の衆院選では、全16選挙区のうち、自民党はわずか3議席しかとることができず、同党にとって難しい地域であることが、あらためて確認されました。

静岡、長野は、基本的には自民党が強い地域ですが、野党系の自治体首長が誕生する地域でもあります。

岐阜は広い県であり、南部の旧美濃地方は名古屋的で、北部の旧飛騨地方は次に述べる北陸的な政治風土といっていいでしょう。

北陸3県は、もともとは自民党の牙城といってもいいエリア。とりわけ、衆議院の小選挙区で他党候補が当選するのは至難の業で、小選挙区の当選者は全員自民党ということもある政治風土でした。2024年の衆院選では、その牙城でも、自民党の実力者が落選するなど、政治的台風が吹き荒れました。

近畿地方の経済・政治風土は？

大阪経済界の特徴のひとつは、長期間にわたって、旧住友銀行（現三井住友銀行）と日本生命の2社が大きな力を持ち、主要企業の多くに資本参加してきたことです。そのため、大阪の主要企業は、この2社を軸として、資本関係、人間関係で深く結びついてきました。

その一方で、大阪には小規模の製造業、小売店が多いため、景気の波の影響を受けやすいという面もあります。

また、大阪は、関西経済の中心ではありますが、他県に対する影響力は首都圏における東京ほどではなく、関西で大阪経済の影響をダイレクトに受けるのは奈良県ぐらいといわれます。奈良、とりわけその県庁所在地の奈良市のある北部は、大阪のベッドタウンとして発展してきたため、大阪経済が下り坂になると、奈良も一緒に坂道を下りることになりがちなのです。

京都府には、京セラ、ワコール、オムロン、島津製作所などの特色ある大企業が本社を置いています。そのため、大阪経済の影響をさほど受けません。

滋賀県は、近江平野に田畑と工場が混在している県。大阪よりも、京都経済との結びつきが強い県といえます。

兵庫県は、瀬戸内海側から日本海側に至る広い県であり、いろいろな顔を持っています。まず、三菱重工業、川崎重工業、神戸製鋼などの大企業は、瀬戸内海側の神戸市に集中しています。それらの重工業会社は、神戸港を中心として発達してきたのですが、この30年間余りは右肩下がりの状態が続き、県庁所在地の神戸の人口も減り続けています。そして、同県の中央部から日本海側にかけては、農村が広がっています。

和歌山県は、経済活動全体がのんびりした県です。近くに関西国際空港が建設されたころには、その経済効果が期待されましたが、現実にはほとんど波及効果もなく、終わりました。近年は世界遺産の熊野古道をテコにして、インバウンド客の取り込みに注力しています。

三重県は、地域区分では近畿地方に属しますが、資本系列では名古屋の企業の進出が目立つエリアです。北部には、四日市市を中心にした工業地帯があり、南部には農村や漁村が多い県です。

政治的には、まず大阪は今は日本維新の会がひじょうに強い地域で、2024年の衆院選でも全選挙区を独占しました。京都は、かつては共産党が善戦していた地域。兵庫や奈良、滋賀は、都市部は浮動票が多く、農村部・山間部は自民党が強いエリア。和歌山県は全体に自民党が強く、三重県は名古屋に近い北部は、愛知県と同様の政治傾向を示し、南部は保守の強い地域といえます。

中国地方の経済・政治風土は？

中国地方最大の都市は、人口約120万人の広島市。ただ、中国地方の他県の消費者の目は、広島ではなく、大阪や神戸、あるいは福岡に向いています。

たとえば、同じ広島県内の人でも、関西寄りの県東部の消費者は、大きな買い物をするとき、広島市に向かうのではなく、新幹線に乗って大阪や神戸に足を運ぶのです。

企業活動も同様で、たとえば、鳥取県の企業の多くは、広島ではなく、大阪や京都、兵庫の企業と取引しています。鳥取地方は、江戸時代から山陰道で上方と結ばれていて、現在の鉄道も、中国山地を越えて広島へ向かう路線よりも、京都や大阪と結ぶ山陰本線が幹線となっています。

そのため、鳥取県には関西の企業が数多く進出しています。

島根県も、同様に、広島や中国地方の他県よりも、大阪や京都との結びつきが強い県です。岡山県も、広島の隣県でありながら、昔から神戸や大阪と深く交流してきました。

一方、広島の西側の山口県は、福岡経済との結びつきが強い地域です。とりわけ、九州に最も近い下関は、事実上、福岡経済圏の街。

昔から、下関では、デパートなどの大型小売店は儲からないといわれてきました。下関のお客は、ちょっとした買い物をするときは、関門海峡を渡って、北九州市の小倉まで出かけてしまうからです。

政治的には、中国地方は、自民党の金城湯池です。

とくに、山口県は、長州藩が明治維新の中心勢力だったという伝統もあって、全国で最も多数の8人の首相を輩出している県です。広島県も、宮沢喜一、岸田文雄元首相ら、4人の首相を出しています。

2024年の衆院選では、17の小選挙区のうち、立憲民主党は3つ(自民党は12勝、公明、維新がそれぞれ1勝)しか、勝てませんでした。

四国地方の経済・政治風土は？

かつて、1980年代後半から90年代にかけて、本州と四国の間に3本も橋が架けられたころには、「これで、本州との人とモノの行き来が活発になり、四国経済は発展する」と期待されたものでした。しかし、一時の観光ブームが過ぎると、交通量は減り、期待はずれに終わりました。

たとえば、岡山県との間に瀬戸大橋が開通した香川県は、「四国の玄関口」として発展することが期待されましたが、開通直後から日本経済が右肩下がりの時代に入ったこともあって、捕らぬ狸の皮算用に終わりました。

それどころか、香川県からは瀬戸大橋、徳島県からは明石海峡大橋を使って、大阪や神戸に買い物に行く人が増え、香川県や徳島県の県内消費はかえって冷え込んでしまったくらいです。

その一方で、この四半世紀の間に、四国経済の中心的存在に成長してきたのが、愛媛県です。同県では、かつて住友財閥が別子銅山を運営していたこともあって、住友グループが根を下ろしています。今も、住友化学、住友金属鉱山、住友重機、住友林業などの住友グループが県内に資本投下して、中小企業群を支えています。

高知県は、四国山地と太平洋にはさまれ、昔から他地域との交流が少ない地域です。経済的にも、他3県との結びつきが弱く、四国のなかでも独立独歩の存在といえます。

政治的には、基本的に保守が強い地域。2024年の衆院選では、全10選挙区のうち、自民党7勝、立憲民主党2勝、国民民主党1勝という結果でした。

九州と沖縄の経済・政治風土は？

九州経済の中心は、福岡市と北九州市という2つの政令指定都市を擁する福岡県です。とりわけ、近年、福岡市（博多）は、経済活動がひじょうに活発になっている地域です。韓国、中国と近いこともあって、インバウンド客も多数取り込んでいます。

佐賀県は、福岡経済への依存度が高い県。その東部は、福岡市に通勤できるので、一部、ベッドタウン化もしています。

長崎県は、製造業では、三菱重工業への依存度が高い県。ただ、同社の業績不振、とりわけ造船業が振るわないこともあって、県内経済は活気に乏しくなっています。

熊本県は、近年、台湾から半導体の巨大工場が進出してきて、地価が上昇するなど、にわかに好景気に沸いています。ただし、他の地場産業には、県経済の柱となるような規模の産業がありません。

大分県は、古くからエレクトロニクス工場が多数進出している県。その分、家電不況など、全国的な経済情勢の波をかぶりやすい傾向があります。

宮崎県は九州で唯一、福岡よりも鹿児

島との関係が深い県です。明治時代には一時、鹿児島に併合されていたこともあって、鹿児島銀行をはじめ、鹿児島県内の有力企業が資本進出しています。

鹿児島県には、創業者が鹿児島出身の京セラなどの工場もありますが、どちらかというと、農業県といえます。

沖縄県は、観光と公共事業、そして米軍基地の需要頼みの県。一人当たりの県民所得は全国平均の7割程度で、全国最下位。失業率も高い県です。ただし、近年はインバウンド客を含めて観光客が一段と増え、宮古島など、一部の観光地では、地価が高騰するなど、好況に沸いています。

政治的には、九州は総じて、保守の強い地域。ふだんは、福岡の都市部以外では、野党勢力はなかなか小選挙区で勝ち上がることができません。2024年の衆院選でも、全30の小選挙区のうち、自民党が17をおさえるなど、同党の善戦が目立った地域です。

一方、沖縄は、基地問題もあって、保守勢力と野党勢力がほぼ拮抗した力を持っています。2024年の衆院選では、全4選挙区のうち、共産党と社民党が小選挙区でひとつずつ勝ち上がりました。

青春文庫

地理《ちり》がわかると
ニュースの解像度《かいぞうど》があがる

2025年 1 月20日 第 1 刷

編　者　ワールド・リサーチ・ネット
発行者　小澤源太郎
責任編集　株式会社プライム涌光
発行所　株式会社青春出版社
〒162-0056 東京都新宿区若松町 12-1
電話 03-3203-2850（編集部）
03-3207-1916（営業部）
振替番号 00190-7-98602
印刷／中央精版印刷
製本／フォーネット社
ISBN 978-4-413-29867-4